KB266763

여성
리더개발
멘토링
이야기

셀프업 10

여성 리더개발 멘토링 이야기

류재석 지음

이담 Books

오늘날 기업과 조직에서 일하는 여성이 증가하고 여성관리자도 증가하는 등 일하는 여성을 위한 환경이 변화되고 있다. 아직도 남성에 비교해 커리어 개발에서 곤란을 겪는 여성에 대해서 특히 멘토링(Mentoring)의 문제를 효율적인 차원에서 검토하고자 한다.

이 책의 내용은 여성리더개발 차원에서 멘토링의 현대적 의미와 여성 멘토 양성 방법, 그리고 여성멘토링 사례로 리더개발, 인력개발, 조직개발 등 3분야의 현장 사례와 인재개발 게임, 여성개발 활성화 전략을 다루었다.

멘토링코리아
www.cmko.com

이 책의 저작권은 멘토링코리아 류재석 대표에게 있습니다. 저작권법에 의해 보호를 받는 저작물이므로 무단 전재나 복제를 금합니다.

1. 서문(Preface)

'탈무드'는 세상을 살면서 반드시 필요한 두 가지로 선생과 친구를 꼽는다. 멘토를 만나거나 누군가를 멘토링 하기로 하면, 우리는 바로 그 두 가지, 즉 선생과 친구를 발견한 셈이다. 멘토링은 일방통행로가 아니다. 멘토는 가르치기도 하고 배우기도 한다. 사랑을 주기도 하고 받기도 한다. 이야기를 들어 주기도 하고 들려주기도 한다. 멘토링은 아름다운 춤과도 같은, 풍성하고 영원한 관계이다.

21세기 지구촌시대의 무한경쟁에서 살아남기 위해서는 사장되고 있는 여성인력을 활용할 필요성이 있다. 이는 선택의 문제가 아니라 국존을 위해서는 반드시 달성되어야 할 목표인 것이다.

이러한 현실적인 필요 때문인지 아니면 소수자에 대한 배려를 강조한 시대적 흐름 때문인지는 모르나 조직 사회에 뛰어드는 여성이 급증하고 있으며 유리 천장을 뚫고 성공한 여성들이 주목을 받고 있다.

1990년대 이후 여성의 사회·경제생활 면에서 핵가족화를 비롯하여 가사의 자동화, 그리고 가사의 대행서비스가 크게 진전되었다. 여성이 고등교육을 받는 기회는 더 한층 확대되며, 그들이 학습하는 학문도 인문계, 교육계, 가정계 등의 범위를 훨씬 뛰어넘어서 이제까지 여성이 진출하지 않았던 경영학계, 공학계에까지 이르렀다.

아울러 전 세계적으로 갈수록 여성 인력이 기업의 주요 자산으로 인식되면서 한국에서도 큰 관심사가 되었다. 기업들은 여성 인력을 유지하고 성장시키는 데 크게 두 가지를 신경 써 줘야 한다. 삶과 직장이라는 고민에 안정적인 균형감을 심어 주고 멘토링(mentoring)을 해 주는 것이다.

멘토링이란 기존선배들과 경영진들이 재능을 개발시켜 주고, 기회를 주며, 임원직의 문을 개방해 자신들의 가치가 평가받고 있다고 느끼게 해 주는 일이다. 적합한 근무 환경을 만들어 주는 것은 기본이다. 고정된 사무실에서 근무하는 시대는 가고 있다. 일주일에 한 번이라도 재택 근무할 수 있는 환경을 만들어 주거나 직장에 아이들을 데려와 보육할 수 있는 환경도 중요하다.

이러한 상황 속에서, 여전히 여성의 업종이나 직능 부문에 있어서 기업 진출은 크게 늘어나고 있다. 특히 신입사원은 생소한 기업에 입사하게 되면 현실 충격 또는 역할 충격을 받게 된다. 이러한 충격의 결과로 신입사원은 조직에 대한 불만을 갖게 되고 혼란에 빠지게 된다. 그럼에도 똑같은 능력을 지닌 여성과 남성이 직장에서 동등하게 승진하는 경우는 드물다. 여성은 어떻게 자신이 원하는 자리를 얻을 수 있는지 모른다. 그런데 이 차이는 남성보다 여성이 직장 세계의 은밀한 규칙을 일러 주고 성공으로 이끌어 주는 후원자, 멘토를 얻기 힘들다는 이유에서 비롯된다. 그래서 남성이 지배하는 일의 세계에서 어떻게 여성이 앞으로 나아갈 수 있는지 멘토링 하는 법을 아는 것이 필요하게 된다.

이러한 신입사원의 조직부적응을 최소화하고 경력발전과 심리적 안정에 도움을 줄 수 있는 조직사회화 전략의 필요성이 제기되고 있다. 대부분의 조직들은 조직사회화 전략의 하나로서 신입사원의 특성을 과소평가한 오리엔테이션에 의존하고 있다. 그러나 이런 오리엔테이션은 신입사원의 불안감을 줄이는 것으로서는 부족하다는 지적을 받고 있다. 이에 따라 신입사원의 조직사회화 전략 중에서 가장 효과성이 입증되고 있는 멘토제도에 관한 관심이 높아지고 있다.

외국의 경우 직급별로 5~10%의 공식적인 멘토를 선정하여 신입사원에게 높은 질과 풍부한 양의 정보를 제공해 주는 유용한 전략으로 활용되고 있으며 우리나라에서도 조직사회화 정보전달자로 가장 많이 활용되고 있다.

이렇게 각광받고 있는 멘토링을 여성에 있어서의 멘토링 중심으로 살펴보고 문제점을 파악하고 해결방안을 모색해 보도록 하겠다. 이 책을 책상 위의 멘토로 삼아 직장세계라는 파도를 헤치고 나아가길 바란다.

2. 내용(Contents)

1장 멘토링의 현대적 의미(Meaning)

똑같은 재능을 지닌 남녀인데도 남성이 여성보다 높이 승진하는 이유는 무엇일까? 가장 큰 이유는 대부분의 남성에겐 멘토(Mentor)가 있고 여성에겐 없기 때문이다.

이 장에서는 현대사회에서 멘토링의 올바른 개념 정리를 위하여 알기 쉽게 이해할 수 있도록 멘토링 유래, 멘토링 개념, 멘토링 필요성, 멘토링 효과성, 멘토링 차별성을 소개하였고 특히 직장생활에서 여성 멘토링 가이드를 다루었다.

1. 멘토링의 유래
2. 멘토링의 개념
3. 멘토링의 필요성
4. 멘토링의 효과성
5. 멘토링의 차별화
6. 여성 멘토링 가이드

2장 여성을 위한 멘토개발 방법(Method)

일의 세계에서 멘토는 전통적으로 비공식적인 역할을 해 주었다. 한 임원은 신입사원이 마음에 들면 자신의 날개 밑에 둔다. 흔히 자기 옛 모습을 생각나게 하는 젊은이를 대상으로 삼는다.

지금까지는 주로 남성이 멘토 역할을 해 왔다. 여성의 경우, 고개를 들어 사방을 둘러보아도 상급자 중 여성을 찾기 힘들다. 여성이 승진하기 쉬운 조직체에서조차 여성 멘토는 많지 않다. 최고위급 간부가 된 몇 안 되는 여성들이 우리를 위해 기꺼이 멘토가 되어 주지만 그들은 모두 젊은 여성에게 할애할 시간 여유가 없다. 그 어떤 때보다 요즘 여성에겐 신뢰할 멘토의 충고가 필요하다.

1. 멘토의 자질 개발
2. 멘토의 역할 개발
3. 멘토의 활동 수칙 개발
4. 훌륭한 여성 멘토 10Point
5. 훌륭한 멘토 찾기 10Hint
6. 직장여성 편견과 대응

3장 여성 리더개발 이야기(Story − 1)

아무나 멘토링 활동에서 멘토로 참여할 수 있는 것은 아니다. 그러므로 상사, 팀장, 코치, 교사라고 해서 모두 멘토가 될 수 있는 것은 아니다. 훌륭한 멘토는 이러한 역할을 다할 수 있어야 한다. 그러면 훌륭한 멘토가 될 수 있는 기준은 무엇인가? 먼저 초대 멘토가 교재로 수학, 철학, 논리학을 사용한 것을 염두에 두어야 한다. 이 세 권이 오늘날 상징적으로 인격(知, 情, 意), 즉 전인교육(전문적인 부문, 정서적인 부문, 윤리적인 부문)을 의미한다.

금번 이 장에서는 멘토의 기능 면에서 기술이나 학문에 집중하기보다는 리더십이나 인간적인 면을 고려하여 선발된 모범 멘토링 사례를 선정해서 소개한다.

1. 조수미(曺秀美): 성악가/멘토 폰 카라얀
2. 박청수(朴淸秀): 원불교 교무/멘토 어머니
3. 이소연(李素姸): 우주인/멘토 어머니 정금순
4. 인순이(김인순): 가수/멘토 김수환 추기경
5. 강수진(姜秀珍): 발레무용가/멘토 마리카 베소브라소바 교장

4장 여성 인력개발 이야기(Story - 2)

멘토링이란 기존선배들과 경영진들이 재능을 개발시켜 주고, 기회를 주며, 임원직에 문을 개방해 자신들의 가치가 평가받고 있다고 느끼게 해 주는 일이다. 적합한 근무 환경을 만들어 주는 것은 기본이다. 고정된 사무실에서 근무하는 시대는 가고 있다. 일주일에 한 번이라도 재택 근무할 수 있는 환경을 만들어 주거나 직장에 아이들을 데려와 보육할 수 있는 환경도 중요하다.

1. Working Woman 개발 Best - 8
2. Wise여성과학자 Best - 5

5장 여성 조직개발 이야기(Story - 3)

전 세계적으로 갈수록 여성 인력이 기업의 주요 자산으로 인식되면서 한국에서도 큰 관심사인 것으로 안다. 기업들은 여성 인력

을 유지하고 성장시키는 데 크게 두 가지를 신경 써 줘야 한다. 삶과 직장이라는 고민에 안정적인 균형감을 심어 주고 멘토링(Mentoring)해 주는 것이다.

1. 삼성 SDS Women.com
2. 여성부 위민넷
3. 숙명여대 도입(2003. 11)
4. 이화여대 도입(2003. 8)
5. P&G 기업여성 멘토링

6장 여성 인재개발게임(Game)

한국인 정서에 맞게 개발된 멘토링 게임은 먼저 멘토링에 참여하는 멘토/멘제의 개인개발에 초점을 두고 자신의 가치가 업그레이드되는 과정을 체험함으로써 멘토링 활동에 몰입도를 극대화하여 자생력으로 멘토링을 진행하고자 하는 프로그램이다. Workshop 형태로 진행되는 성격개발게임, 인격개발게임, 감성개발게임을 통하여 멘토/멘제의 인간 성장을 학습 목표로 한다.

1. 성격개발게임(Lynchpin Game)
2. 감성개발게임(EQ Game)
3. 인격개발게임(Star Game)

효율적인 인적자원관리제도가 곧바로 기업의 경쟁우위와 직결될 수 있다. 기업과 조직체에서 일하는 여성이 증가하고 여성관리자도 증가하고 있는 때에, 여성 인적자원의 효율적 개발은 기업의 경쟁력을 제고시킬 수 있다는 점에서 여성관리자 개인뿐 아니라 기업에 있어서도 중요한 의미를 갖는다.

오늘날 일하는 여성을 위한 환경이 변화되고 있으나 아직도 남성에 비교해 커리어 개발에서 곤란을 겪는 여성에 대해서 특히 멘토링(Mentoring)의 문제를 효율적인 차원에서 검토하고자 한다.

1. 여성의 경력개발과 멘토링
2. 여성개발 활성화 e - mentoring
3. 여성공무원 활성화 멘토링

3. 이 책의 출간 동기(Motivation)

1) 성공한 사람 뒤에는 멘토가 있다는 사실과 특히 오늘날 우울한 경제위기 속에서 희망이야기 소재를 제공한다.
2) 사회조직마다 첨단과학(Hightech)의 부작용으로 상실된 인간성(Hightouch)을 회복하는 프로그램으로 제공한다.
3) 언행이 불일치한 지도자들의 개인 및 집단 이기주의 의식에서 타인을 배려하는 멘토 리더십을 보여 주기 위함이다.

4) 경제위기 극복차원으로 인력 구조조정에서 그래도 쓸 만한 사람, 키울 만한 인재는 경제회복 후를 생각해서 멘토 도움을 받기 위함이다.

5) 오늘날 사회 각 분야에 소통부재로 신뢰가 상실되고 좋은 일이 제대로 평가받지 못해 엄청난 국력이 소모되는데 진정한 인격적인 대화 채널로 멘토링 소통 시스템을 권한다.

6) 특히 멘토링을 서구 사회에서만 적용한다는 선입견을 벗어나 한국정서에 맞는 개인 개발 멘토링과 조직에서 업무개발 생산성 확보 멘토링을 충분히 성공 가능한 프로그램으로 소개한다.

■ 국내 멘토링 시스템을 우선적으로 도입해야 할 곳

1. 정치인 멘토링 제도

정치는 한 나라의 방향을 설정하는 키포인트이다. 어느 분야보다도 가장 지도력을 발휘해야 할 위치에 있다. 그러나 국내에서 4류로 취급받고 국민들로부터 존경은커녕 조소의 대상이 되고 있다. 명예 회복을 위해서 멘토 제도를 통한 언행일치 리더십으로 명예 회복이 급선무이다.

2. 청소년 멘토링 제도

미국은 1904년부터 청소년 선도 멘토링(BBS) 재단이 설립되어 현재까지 왕성하게 활동하고 있다. 그러나 한국은 연간 초·중·고생 60,000명이 학교에서 이탈되고 있어 사회적으로 큰 문제로 대두되고 있다. 금전적인 도움도 중요하지만 먼저 청소년의 마음과 상통할 수 있는 멘토 제도를 체계적으로 도입하여 천재 영재를 조기 개발하고 문제 청소년을 선도하는 것이 국가적인 차원에서 저비용 고효율이 될 것이다.

3. 여성개발 멘토링 제도

우리나라에서 투표로 당선된 국회의원은 225명이다. 그중에 여성 의원은 13명으로 5.8%를 차지하고 있다. 우수한 여성 인재 개발에 너무나 뒤처져 있다. 특히 멘토링 제도는 여성 인재개발에 가장 적합한 프로그램으로 인정받고 있다.

4. 이 책의 출간 감사(Thanks)

멘토링 코리아 설립 당시(1998. 2. 1) Bob Biehl 박사(美 멘토링 전문가)와 William Gray 교수(加 브리티시 대학)로부터 전화, 이메일, 책자 등의 귀중한 자료를 제공받은 것에 대하여 두 분에게 진심으로 감사를 드린다. 초창기부터 한국적인 정서에 맞는 올바른 이론 정립과 생산성 확보에 필수적인 실행 프로그램을 개발하는 데 전문연구원으로 동참한 민홍기 박사, 김영회 박사, 최창호 박사, 최명국 박사, 탁충실 위원 그리고 최근에 합류한 김순환 박사, 이제빈 박사, 한광훈 박사, 김해영 박사, 조병용 박사, 김동철 박사, 김성일 군목, 조주영 박사, 홍은경 박사, 안만수 박사, 전종현 위원, 박화현 위원, 문일상 위원에게 감사를 드린다.

멘토링 자격증을 취득하고 전문업체로 멘토링 보급에 파트너십을 하고 있는 김호정 원장(멘토링솔루션), 이용철 원장(한국멘토링코칭센터), 나병선 대표(멘토링코링컨설팅), 홍은경 소장(핸즈코리아)과 기타 현장에서 멘토링 보급에 앞장서고 있는 60명 멘토링 지도사에게 감사를 드린다.

멘토링 불모지 한국에서 정부기관 도입에 앞장선 노동부 부천지청 최광휘 사무관, 농림수산부 신경순 사무관, 지식경제부 김영화 서기관, 행정안전부 이정래 서기관 그리고 최근 교육과학부 임용우 팀장님께 감사를 드린다.

멘토링은 저자에게 하나님이 25년 만에 기도의 응답으로 주신 선물(Gift)이다. 이에 감사하는 마음으로 멘토링에 열정을 가지고 다이아몬드와 같은 고품질의 프로그램으로 개발하여 하나님께 영광을 돌리며 조직개발에 기여하고 많은 사람에게 유익을 주고자 한다(고전 10:31~33). 저자의 멘토로 8년간 청교도 삶을 각인시킨 (1980~1988) 故 김용기 장로님(가나안농군학교설립자)과 대를 이어 멘토링 관계를 이어 오고 있는 김평일 교장님(가나안농군학교교장)께 감사를 드린다.

이 책이 발간되기까지 짧지 않은 세월 속에서 기도의 응원군인 서현교회 김경원 목사님과 성도님들, 그리고 저자의 에너지 근원이 된 아내 임금자를 포함한 가족인 류환, 류현, 한현숙, 류경헌, 류지영, 안성훈에게 감사를 드린다. 마지막으로 어려운 여건 속에서도 기꺼이 출판을 맡아 수고한 한국학술정보㈜ 임직원들께 심심한 감사를 드린다.

2009. 6.

저자 **류재석** 드림

서문 / 5

Part 01

멘토링의 현대적 의미(Meaning) • 21

1장 멘토링의 유래 / 23

2장 멘토링의 개념 / 25

3장 멘토링의 필요성 / 29

4장 멘토링의 효과성 / 33

5장 멘토링의 차별화 / 36

6장 여성 멘토링 가이드 / 37

Part 02

여성 멘토 양성 방법(Method) • 41

1장 멘토의 자질 개발 / 44

2장 멘토의 역할 개발 / 48

3장 멘토의 활동 수칙 개발 / 54

4장 훌륭한 여성 멘토 10 Point / 57

5장 훌륭한 멘토 찾기 10 Hint / 60

6장 직장여성 편견과 대응 / 65

Part 03

여성리더개발 이야기(Story-1) • 71

1장 조수미(曺秀美): 성악가 / 73

2장 박청수(朴淸秀): 원불교 교무 / 82

3장 이소연(李素姸): 우주인 / 88

4장 인순이(김인순): 가수 / 97

5장 강수진(姜秀珍): 발레무용가 / 107

Part 04

여성인력개발 이야기(Story – 2) • 114

1장 Working Woman Best – 8 / 116
2장 Wise여성과학자 Best – 5 / 124

Part 05

여성 조직개발 이야기(Story – 3) • 136

1장 삼성 SDS Women.com / 138
2장 여성부 위민넷 / 139
3장 숙명여대 도입(2003. 11) / 141
4장 이화여대 도입(2003. 8) / 143
5장 P&G 기업 여성 멘토링 / 144

Part 06

여성 인재개발게임(Game) • 160

1장 성격개발게임(Lynchpin Game) / 162
2장 감성개발게임(EQ Game) / 172
3장 인격개발게임(Star Game) / 187

Part 07

여성개발 활성화 전략(Strategy) • 195

1장 여성의 경력개발과 멘토링 / 197
2장 여성개발 활성화 e-mentoring / 211
3장 여성공무원 활성화 멘토링 / 227

Part

01

멘토링의 현대적 의미(Meaning)

똑같은 재능을 지닌 남녀인데도 남성이 여성보다 높이 승진하는 이유는 무엇일까? 가장 큰 이유는 대부분의 남성에겐 멘토(Mentor)가 있고 여성에겐 없기 때문이다.

그렇다면 성공하기 위해 근면함, 재능, 두뇌보다 멘토가 중요한 것은 왜일까? 사전에 보면 멘토는 '경험이 있고 믿을 수 있는 조언자'라고 나와 있다. 직장에서 멘토란 우리가 헤쳐 나갈 경험과 사람들에 대한 정보를 주고 감당할 방법을 알려 주는 사람이라고 해석할 수 있다.

즉 멘토는 우리에게 '로프를 보여 주고 그걸 잡으면 위로 당겨 주는 사람'이다. 자신이 속한 회사가 대기업이든 로펌이나 컨설팅 회사처럼 파트너 자격이 있는 전문회사든, 또는 비영리 단체나 공공 부문이든 간에 일을 잘해 나가기 위해서는 그 방법을 가르쳐 줄 수 있는 사람인 멘토가 필요하다.

이 장에서는 현대사회에서 멘토링의 올바른 개념 정리를 위하여 알기 쉽게 이해할 수 있도록 멘토링 유래, 멘토링 개념, 멘토링 필요성, 멘토링 효과성, 멘토링 차별성을 소개하고 특히 직장생활에서의 여성 멘토링 가이드를 다루었다.

1. 멘토링의 유래
2. 멘토링의 개념
3. 멘토링의 필요성
4. 멘토링의 효과성
5. 멘토링의 차별화
6. 여성 멘토링 가이드

멘토링의 첫출발은 B.C.1250년경 트로이(Troy)전쟁이 발발하자 이타카 왕국의 오디세우스 왕이 출정하면서(호머의 저서 그리스신화) 어린 왕자 텔레마쿠스(Telemachus)를 멘토(Mentor)라는 스승에게 맡김으로써 시작된다.

이로 인해 이타카 왕국은 왕이 비어 있고 왕자는 어리고 왕권을 노리는 간신들은 왕비 페넬로페를 괴롭히는 암울한 시대를 맞게 되었다.

여기에서 멘토는 20년 동안 먼저 왕자를 지혜롭고 현명한 왕으로 성장시켰고 왕비를 도와 왕권을 지켰으며 왕자와 협력하여 왕의 귀국을 도왔다. 왕이 귀국하면서 암울했던 왕국은 평온을 되찾고 왕자가 왕으로 등극하면서 이타카 왕국은 희망찬 재건의 역사가 이루어졌다.

■ **멘토링 용어**

- 멘토(Mentor): 자신의 역량을 발휘하여 남을 인재로 개발하고자 도움을 주는 사람.

- 멘제(Menger): 자신의 잠재역량을 의욕적으로 개발하고자 도움을 받는 사람.

- 멘토링(Mentoring): 멘토와 멘제가 일정한 목표를 가지고 상호 유익을 가지고 활동하는 상태이다. 현장 훈련을 통한 인재 육성 활동. 즉, 회사나 업무에 대한 풍부한 경험과 전문지식을 갖고 있는 사람이 1:1로 전담하여 구성원(멘제, Menger)을 지도, 코치, 조언하면서 실력과 잠재력을 개발, 성장시키는 활동이다. 최근에 많은 기업들이 도입하고 있는 후견인 제도가 바로 멘토링의 전형적인 사례이다.

인류역사 이래로 인간 관계본능인 멘토링은 사회 구석구석에 깊숙이 자리 잡아 왔다. 오늘날도 세계 도처에서 1:1 멘토링 관계는 지속되고 있고 인류가 존속하는 한 미래에도 멘토링은 존속하리라고 예견한다. 오늘날 멘토링은 인간의 특성을 연구하고 그 역량을 개발하여 차세대 리더로 세우는 인간 경영 프로그램이다.

- 섹스피어: 우리 인생은 선(善)과 악(惡)이 뒤섞인 실로 짜인 것이다.
- 아인슈타인: 인간은 잠재능력의 10%밖에 사용하지 않는다.

1. 멘토링의 이념(Idealogy)

멘토링의 이념은 인간존중에서부터 출발한다. 여기서 인간존중이라는 의미는 멘제의 무한대한 잠재력을 개발해 준다는 것이다. 바로 그냥 놔두면 잠재역량이 5% 정도 개발될 것이 멘토가 관여함으로써 더욱 %를 업그레이드시켜 준다는 것이다(보통사람 5% 개발, 노벨상 수상자 10% 개발, 에디슨 15% 개발).

2. 멘토링의 정의(Definition)

멘토링의 정의는 멘토와 멘제의 인간관계를 촉진한 데 있다. 카네기재단의 발표 자료에 의하면 성공한 사람 10,000명을 상대로 한 성공요인 설문조사 결과 8,500명(85%)이 인간관계에 있다고 대답하고 있다. 국내 직장생활에서 가장 중요하다고 대답한 것은 인간관계가 45%로 제일 높게 나타나고 있다. 그렇다면 멘토와 멘제 간에 어떠한 기준으로 관계가 설정되어야 하는가? 바로 존경과 신뢰관계를 들 수 있다.

3. 멘토링의 목적과 목표(Purpose & Target)

멘토링의 목적은 멘제를 차세대 리더로 세우는 일(Standing Together)이다. 리더라는 개념은 사회적으로 위대한 지도자라는 뜻도 있지만 제도적 멘토링에서는 도움을 받는 멘제가 훗날 도움을 주는 멘토로 삶의 태도가 바뀌는 것을 말한다. 조직에서의 목표는 바로 멘제가 멘토로 변함으로써 중간지도자를 개발하게 되는데 결국 인재경쟁력을 확보하게 되는 것을 의미하고 개인의 목표는 인격가치를 업그레이드하는 것이 목표이다.

- 목적: 차세대 리더개발 – 멘제를 멘토로 재생산(Reproducting)
- 목표 1: 개인목표 – 인격개발 – 인격을 갖춘 리더로 성장하여 자아실현 계기 마련.
- 목표 2: 조직목표 – 성과개발 – 인간성 바탕 위에 각 조직별로 경영/교육/목회/업무효과를 얻는 계기 마련.

4. 멘토링의 내용(Contents)

멘토링 핵심 내용(Contents)은 인격(知, 情, 意) 자체이다. 그러므로 멘토링 활동은 바로 지적(知的)에 치우친 지식이나 기술보다는 전인적인 삶으로 조언해 주는 인재개발이 되어야 한다. 그 기원은 그리스신화에서 멘토(Mentor) 스승이 텔레마쿠스(Telemachus) 왕자를 20년간 멘토링할 때 교재로 수학(知를 상징), 철학(情을 상징), 논리학(意를 상징)을 사용했다는 데서 기인한다.

5. 멘토링의 전략(Strategy)

　　멘토링의 전략은 멘제 중심의 1:1(One to One) 서비스를 말한다. 멘제 중심의 서비스란 일반 리더십이나 유사 멘토링에서 리더 중심으로 리더1에 소그룹으로 활동이 이뤄지는 것과 큰 차이가 있는 것이다. 그러므로 멘제 중심의 1:1 의미는 멘제1에 멘토1, 멘토2, 멘토3 등을 의미한다. 언제나 멘제는 1이라는 개념이다.

　사람(Person, 라틴어로는 *Persona*)이라는 단어가 헬라어 '프로소폰 (*Prosopon*)' 즉 '얼굴을 맞대고'라는 단어에서 유래했다는 사실은 의미심장하다. 동양에서도 한자로 사람 인(人) 자를 보면 서로 글자 획이 받치고 있음을 알 수 있다.

　다시 말하면, 각 인간은 서로 대면하고 서(Standing) 있는 존재, 다른 사람을 향하여 돌아서서 대화하며 관계를 맺고 있는 존재란 뜻이다. 이와 대조적으로 개인(Individule)이란 단어는 사람(Person)이란 단어보다 수백 년 뒤에 생겨났는데, 라틴어로 '나뉠 수 없는 (*Individuls*)'이란 단어에서 유래하였다. 이런 유래는 우리가 어떻게 살아가야 하는가에 대해 중요한 단서를 제공한다. 우리는 단절된 개인이 아니라 서로 마주 보며 공동체 안에서 살아가는 사람들이다.

　20세기의 대량생산과 분업화를 주축으로 해 오던 경제체제가 21

세기에는 다품종 소량생산과 특성화라는 새로운 패러다임의 경제 체제로 급속히 전환되고 있다. 대량생산의 필수요소인 규격화와 표준화는 집단주의 사회 풍토에서 한때 사회적인 미덕으로까지 치부되어 왔다. 기업, 학교, 교회 등 각 조직의 교육현장 역시 이 같은 사회적인 패러다임 속에서 예외는 아니었다.

19세기까지만 해도 가정교육이나 서당교육 등 교육 현장에서는 인간의 관계와 관계 사이에서 이어져 내려오는 인격적 감화와 영향력이 사회적으로 일반화되어 있었다. 그러나 20세기 이후 학교라는 제도적인 교육은 공장에서 대량 생산되는 물품처럼 인격적인 영향력이 배제된 채 규격화되고 경쟁적인 모습으로 생산에 소요인력을 공급하는 데 앞장서 왔다.

산업화가 진전될수록 개인주의는 병세가 악화되었고 공동체가 해체되면서 개인과 개인 사이에 단절된 틈을 타고 죄(罪)는 밀물처럼 밀려들어 왔다. 범죄는 갈수록 흉포화·지능화되었다. 학원 폭력과 가정 파괴도 전 세계적으로 심각성을 더해 왔다.

개인주의가 극에 달해 있는 미국 사회에서도 이 같은 병폐는 더욱 짙게 나타났고 드디어 인간관계 중심의 리더십 유형인 멘토링(Mentoring)이 그 사회적 대안으로 등장하여 유행병처럼 번지고 있다.

오늘날 21세기는 미래학자들이 예견한 것처럼 각 조직에서 인재전쟁(The War for Person)을 치를 만큼 인간관계가 갈급한 시대(Mentoring Age)라고 부르게 되었다. 그로 인하여 지금까지 각 조직에서 대량집단 교육체계로 이어 오던 인재육성 전략도 이제는 새로운 틀(New Paradigm)을 강력히 요구받게 되었던 것이다.

오늘날 사회 각 조직은 첨단과학(Hightech)의 부작용으로 개인주의의 만연과 인간간계 상실로 심각한 소통 단절의 위기와 소품종 다량생산에서 다품종 소량생산 체제로 전환됨으로써 양적에서 질적인 새로운 인재개발 방법론이 대두되면서 이에 대한 대안으로 멘토링 프로그램이 시급히 대두되고 있다.

- 레빈슨 교수(1978, Levinson, 예일대): 청년 초기에 멘토가 없는 사람은 부모 없는 고아와 같다(저서 남자의 계절).
- 로체 교수(1979, Loche, 하바드대): 대부분 성공한 임원들의 배경에는 멘토가 있다(하바드 비즈니스 리뷰지 기고).
- 피터 드러커(경영학자): 21세기 인재개발의 핵심은 멘토링이다.

1. 개인의 필요성

학업 성적과 입시 위주의 개인 개발에서 적성을 찾아주고 리더십을 개발해 주는 데 멘토가 필요하다. 한 사람의 멘제가 자신이 가장 잘할 수 있는 적성(Aptitude)을 찾아 역량(Competency)을 개발하고 리더로 성장하는 데 멘토가 필요하다.

2. 조직의 필요성

업무성과 위주의 경쟁 조직에서 인간성 바탕 위에 생산성 효과를 얻는 데 멘토가 필요하다. 평사원의 의식을 리더(Leader)의식으로 전환함으로써 인재경쟁력을 확보하고 개인의 역량개발과 조직의 업무능력을 향상하는 데 멘토가 필요하다.

3. 사회의 필요성

사회 구석구석에서 상실된 인간관계를 회복시키는 데 멘토가 필요하다. 오늘날 하이테크 도그마(Hightech Dogma)로 상실된 인간성을 하이터치(Hightouch)로 회복하여 인간이 존중받는 사회를 이룩하는 데 멘토가 필요하다.

산업혁명 이후 1:다수교육 방법에서 오늘날 정보화 사회에서 1:1로 질적 교육 방법의 효과성이 대두되면서 아래 권위 있는 기관에서 발표한 멘토링의 효과성 있는 자료를 소개한다.

- 국내 리서치 전문기관인 폴에버 직장인 1,636명 설문
- 직장인에게 멘토가 필요하다: 79.5%
- 그래서 멘토링 제도가 있다: 18.2%(수요에 비해 공급이 너무 부족하다.)

1. 맥킨지 컨설팅의 21세기 멘토링, 그 놀라운 힘
(2000년 다보스 포럼 발표)

맥킨지 저서 "인재전쟁"에서 멘토링 경험자들은 아래와 같이 설문에 놀라운 답을 하고 있다.

① 멘토링 활동에 자신이 최선을 다했다:　　95%

② 멘토링 후에 타사로 이직하지 않았다:　　88%

③ 멘토링이 회사의 성공에 도움이 되었다:　　97%

④ 멘토링 활동이 그들의 삶을 바꾸었다:　　50%

2. ASTD의 평(2003 결과 보고서)

멘토링은 기업에서 두 마리 토끼 – 지식경영, 학습조직 – 를 잡는 데 성공한 프로그램이라고 2003 보고서에서 평을 하고 있다.

3. 포츈지 설문 평

포츈지 500대기업 임원 설문결과

① 멘토링은 중요한 development tool이다: 96%

② 자신의 직업적 성공에 핵심적 역할을 했다: 75%

③ 71%의 포츈 500대기업 및 비상장기업이 멘토링을 활용하고 있다.

④ 멘토링이 직원 이직방지 및 성과향상에 도움이 되었다: 77%

⑤ 대학/대학원 졸업생의 취업회사 선택에 고려 요소가 되었다: 60%

4. CLC(Corporate Leadership Council 美)

① 포춘지 500대기업 중 60개 기업 이직률 설문조사

② 멘토링 미실시 기업 35%, 실시 기업 16%

멘토링의 차별화

5장

멘토링은 인간을 기술자로 만드는 것이 아니라 기술자를 인간으로 만든다. 멘토링은 둘이서 하나 되어 차세대 리더를 만든다.

멘토링이 아직은 국내에서 생소한 프로그램으로 특히 코치, 상사, 팀장 등 일반적인 상위직 리더십과 그리고 일반교육프로그램과 확연히 구분하는 데 많은 어려움을 겪고 있는데 아래 내용으로 요약해서 차별성을 소개해 보고자 한다.

멘토링	구 분	코치, 상사, 팀장 등의 리더십
인간성이 우선	우선수위	생산성이 우선
인격적인 리더개발	학습목적	업무성과 및 기술 업그레이드
		운동선수는 운동 경기
멘제1에 멘토1이나 다수	활동방법	리더1에 부하나 선수 다수
멘토는 한 사람에 영향	영향범위	한 사람 리더는 여러 사람에 영향

1. 여자니까 '안 돼'라는 생각을 갖고 표현하고 있는 것은 아닌지 생각해 보자

여성은 무의식중에 습관처럼 녹아 있는 차별로 인해 기회, 평가, 업무 전담 등에서 부당한 대우를 받는다. 이런 현상에 익숙해진 나는, 나도 모르는 사이에 차별받는 것을 당연시하고 나 스스로도 '안 된다'는 생각을 하고 있는 것은 아닌지 생각해 보아야 한다. '여자들은……'이라든가, '여성들은 비즈니스에 약하죠.' 등 개인의 능력과 상관없이 여성의 능력을 과소평가하는 말은 자제해야 한다. 멘토링 과정에서 멘토/멘제 모두 이런 의식을 갖고 드러내고 있는 지 민감해져야 한다.

2. 여성은 아름답고 남성은 남성다워야 한다는 생각을 버리자

성별 고정관념(gender stereotype)은 여성은 여성답고 여성적 속성을 가지고 있으며, 남성은 남성답고 남성적 속성을 가지고 있다는 공통된 기대와 규범이다. 예를 들어 남성은 능동적이고 이성적이며, 반면에 여성은 수동적이고, 부드러우며, 감정적이라는 성별에 따른 기대감을 말한다. 이러한 고정관념은 여성과 남성이 사회에 적응하는 과정에서 각각 다른 태도를 형성하도록 영향을 미친다. 특히, 여성이 능력을 발휘하지 못하게 하고, 여러 차별에 저항하지 못하도록 만든다. 여성이 해야 할 일이나 남성에게 더욱 적합한 일은 없다. 여성과 남성이 아닌, 인간으로서의 개성을 존중해야 한다. 멘토링 과정에서 이러한 성별 고정관념을 야기할 만한 언어 사용은 자제하자.

3. 여성을 평가하는 기준을 버리자

남성 중심 사회에서 남성을 대상으로 한 평가기준은 여성에게 불평등하게 적용된다. 그런 이유로 여성에게 주어지는 기회나 평가가 남성에 비해 낮다. 여성들이 사회 중심 세력이 되려면 여성을 남성의 기준에 맞추기보다 여성들을 제대로 평가할 수 있는 여성들만의 기준이 필요하다. 멘토링 과정에서 멘토가 멘제를 평가할 때 외모나 학력 등 일반적인 평가 시각을 가진 것은 아닌지 생각해 보자.

4. 모든 일에 완벽해야겠다는 생각을 버리자

슈퍼우먼이 되려고 노력하지 마라. 가정과 직업 두 가지를 완벽하게 다 소화하기란 사실상 불가능하다. 두 가지를 조화롭게 유지시키기 위해서는 반드시 내가 해야 할 일과 내가 하지 않아도 될 일, 할 수 없는 일을 구분해야 한다. 그런 후 내가 하지 않아도 될 일과 할 수 없는 일은 가족과 직장 동료들에게 분담시킨다. 모든 일을 잘하려는 마음에서 오는 부담감을 지고 사는 것보다 내가 할 수 있는 일은 완벽히 해내고, 다른 일을 적임자에게 분담하는 여성이 더욱 유능한 여성이다.

5. 결혼한 여성에 대한 편견을 버리자

결혼한 여성들이 직장에서 하는 행동을 보고 '결혼한 여자들은 다 저래'라고 말하는 것을 종종 볼 수 있다. 사회가 요구하는 직장인은 가정에서 가사와 육아를 전담해 주는 사람이 있다는 것을 전제로 한다. 남성들이나 미혼여성에게는 그것이 적용될 수 있지만, 기혼 여성들은 가사와 취업이라는 이중부담을 지고 있다. 기혼 여성들이 직장에서 보이는 특정한 행동에 대해 비난하기보다 그들이 충실히 업무를 수행할 수 있도록 직장 문화를 바꾸기 위한 노력을 해야 한다.

6. 여성이기 때문에 못 하는 일은 없다

여성에게 주어진 기회는 적다. 그러나 여성이기 때문에 할 수 없는 일은 없다. 누구나 의지를 가지고 경험해 본다면 여성이 못 할 일이란 없다. 멘토링 과정에서 멘토는 이 점을 숙지하여 멘제가 원하는 일을 지지해 주자.

7. 여성의 경쟁자는 여성이 아니다

여성에게 주어진 기회는 적다. 그러나 여성이기 때문에 할 수 없는 일은 없다. 누구나 의지를 가지고 경험해 본다면 여성이 못 할 일이란 없다. 멘토링 과정에서 멘토는 이 점을 숙지하여 멘제가 원하는 일을 지지해 주자.

8. 남성다운 여성이 바람직한 여성은 아니다

사회에서 성공하고 경쟁력을 갖추기 위해 어쩔 수 없이 남성적 행동과 태도를 취하게 된다. 그러나 능력 있는 인간형이 곧 남성들의 문화를 그대로 답습하는 인간형은 아니다. 여성은 여성만의 장점이 있다. 멘토링을 통해 남성다운 여성이 되기보단 여성으로서 내가 가진 장점을 개발해 보자.

Part

02

여성 멘토 양성 방법(Method)

일의 세계에서 멘토는 전통적으로 비공식적인 역할을 해 주었다. 한 임원은 신입사원이 마음에 들면 자신의 날개 밑에 둔다. 흔히 자기 옛 모습을 생각나게 하는 젊은이를 대상으로 삼는다.

최초 멘토의 멘토는 지혜의 여신 아테나였다. '오디세이아'에서 아테나 여신은 오디세우스에게 조언을 해 주며, 그 후에는 오디세우스의 아들 텔레마쿠스를 멘토를 통하여 돌봐 준다.

"레이어티즈와 나이 든 신들의 아들 오디세우스여, 땅의 길들과 바다의 길들의 주인이여, 당신에게 명하라. 이 전투를 여기에서 그치라고. 그렇지 않으면 넓은 세상을 보시는 제우스(Zeus)께서 화내시리라." 그는 그녀에게 수종했네. 그의 마음은 기뻤다네. 후에 두 진영은 그들의 중재자를 통해 곧 폭풍구름을 방패로 가지신 제우스의 딸 아테나를 통해 평화의 맹세를 하였다네. 하지만 그녀는 여전히 멘토의 형상과 목소리를 가졌다네.

그러므로 멘토는 평화유지, 중재, 공동체의 보존과 관계있는 것으로 보인다. 병사들이 그의 말에 귀를 기울인다. 그는 싸움 위에 서 있다. 그리고 그의 지혜(또는 아테나의 지혜)가 그날을 다스린다.

요점은 멘토가 우리가 쓰고 있는 은유적 용어인 스승(Mentor)이라는 말의 기원이라는 것이다. 모든 묘사적인 언어처럼 멘토는 사람들에 따라 각기 다른 의미를 가진다. 멘토는 주인, 인도자, 본보기, 지도자, 선생, 아버지 같은 사람, 트레이너, 가정교사, 조언자, 상담자, 코치일 수 있다. 그리고 그 외에도 더 많은 가능성이 있으므로 멘토의 역할의 정확한 정의는 인간경영을 주도하는 리더(Leader) 즉 포괄적인 존재라고 말해야 할 것 같다.

지금까지는 주로 남성이 멘토 역할을 해 왔다. 여성의 경우, 고

개를 들어 사방을 둘러보아도 상급자 중 여성을 찾기 힘들다. 여성이 승진하기 쉬운 조직체에서조차 여성 멘토는 많지 않다. 최고 위급 간부가 된 몇 안 되는 여성들이 우리를 위해 기꺼이 멘토가 되어 주지만 그들은 모두 젊은 여성에게 할애할 시간 여유가 없다. 그 어떤 때보다 요즘 여성에겐 신뢰할 멘토의 충고가 필요하다.

■ **당시의 멘토는 어떤 사람인가?**

① 멘토는 왕의 친구이자 백성들로부터 가장 존경받는 사람이었다.

② 멘토는 가르치기를 좋아하는 스승이었다.

③ 멘토는 수학, 철학, 논리학을 왕자에게 교재로 사용하였다.

④ 멘토는 왕자에게 자신을 스승처럼 아버지처럼 친구처럼 여기게 하고 열정을 다하여 지혜롭고 현명한 왕으로 성장시켰다.

⑤ 멘토는 왕자가 왕으로 성장하자 미련 없이 그의 곁을 떠난 사람이다.

1. 멘토의 자질 개발
2. 멘토의 역할 개발
3. 멘토의 활동 수칙 개발
4. 훌륭한 여성 멘토 10Point
5. 훌륭한 멘토 찾기 10Hint
6. 직장여성 편견과 대응

멘토의 자질 개발

1장

멘토링을 연구했던 대부분의 학자들은 멘토에 대한 정의를 내리는데 어려움과 혼동을 겪고 있다는 것이다. 이 말은 멘토라는 말은 어떤 한 단어 혹은 한 문장으로 쉽게 정의 내릴 수가 없다는 것이다.

멘토라는 단어 안에는 여러 종류의 의미가 내포되어 있는데, 예를 들면 교사, 인생의 안내자, 본을 보이는 사람, 후원자, 의욕을 고취시키는 사람, 비밀까지도 털어놓을 수 있는 사람, 스승 등이 있다.

어떤 사람이 멘토로 불리기 위해서는 이들 중 적어도 서너 가지의 자격을 갖춘 사람이어야 한다. 한 문장으로 정의를 내리자면 멘토는 '상대보다 경험이나 연륜이 많은 사람으로서 상대방의 잠재력을 볼 줄 알며, 그가 자신의 분야에서 꿈과 비전을 이루도록 도움을 주며 때로는 도전도 줄 수 있는 사람', 결론은 '전인적인 삶의 조언자'라고 할 수 있다.

그러면 누가 멘토가 될 수 있는가, 멘토의 자질은 무엇인가에 대해 알아보기로 하자. 멘토는 누구나 될 수 있지만 아무나 될 수는 없겠다. 거기에는 몇 가지 자질이 요구된다.

1. 멘제의 인격을 존중하는 사람 (Personal Respect)

멘토는 멘제를 하나의 진정한 인격으로 대하는 사람이다. 상대방을 자신의 목적을 위해 이용하려는 사람, 즉 정치적인 의도가 다분한 사람은 멘토의 자격이 없다. 20세기의 위대한 사상가 마틴 부버는 이것을 지적하여, 상대방을 수단으로 보는 것은 '나와 그것(I-It)'의 관계라고 말한다. 그러나 멘토는 상대방을 자신과 동등하게 존중받아야 할 인격체로 이해하며, 가면을 벗고, 상대방을 조정하려는 자세를 버린다. 이러한 때 진정한 관계가 성립되고, 부버가 강조하는 '나와 너(I-Thou)'의 관계로 발전된다.

2. 멘제에게 긍정적인 사람(Peace Maker)

멘토는 평소의 삶이 긍정적 자세인 사람이며, 마음이 열린 사람이다. 멘토는 마치 부모나 가족과 같아서 자신의 멘제에게 일관된 관심을 줄 수 있어야 하는데, 삶을 보는 시각이 부정적이거나 마음이 닫힌 사람은 멘토로서는 자격이 결여된다.

3. 멘제의 특성과 잠재력을 볼 줄 아는 사람
(Potential Power)

멘토는 멘제가 지닌 적성을 볼 수 있는 사람이다. 멘토는 보통 멘제보다 세상경험이 많은 사람이다. 그 분야에서 이미 시행착오를 겪은 사람이다. 그리고 상대방의 장점을 극대화시키며, 상대방의 단점을 극소화시킬 수 있는 안목이 있다.

4. 멘제와 의사소통이 가능한 사람
(Communication)

멘토는 의사소통에 능한 사람이다. 같은 말을 해도 상대방에게 부정적인 표현 등을 통해 부담을 주는 것이 아니라, 힘과 용기를 줄 사람이다. 그리고 중요한 것은 상대방의 견해를 소화하는 열린 귀가 있는 사람이다.

5. 조직에 대한 올바른 가치관을 가진 사람
(The View of Value)

먼저 멘토는 자신이 회사의 배려로 오늘과 같은 가치 있는 구성원으로 업그레이드되었음을 인정하고 이러한 조직에 대한 올바른 가치관을 가지고 멘제에게 자신이 소유한 정보, 지식, 업무 등 즉 가치를 제공할 경우, 멘제는 멘토에게 좀 더 호의적으로 다가올 수 있다. 회사가 멘토인 나를 키워 주었으므로 나는 대신 멘제를 키운다.

6. 핵심역량과 업무의 다양한 전문성을 갖춘 사람 (Competency)

멘토는 개인의 노력이나 회사의 지원을 통하여 소유한 역량(Competency)과 다양한 전문지식을 멘토링 활동에서 멘제와의 자율학습향상, 업무조기숙달, 경력개발, 지식경영 등에 최선을 다하여 발휘함으로써 멘토링 목표를 성공적으로 달성하는 데 기여할 수 있다.

멘토의 역할 개발

2장

멘토는 멘제를 위한 전인적인 삶의 조언자이다. 여기서 전인적이라는 의미는 단순히 업무적인 즉 전문적인 조언뿐만 아니라 정서적인, 윤리적인 면을 포함한 인격적인 것을 말한다. 그리고 삶이라는 의미는 단순이 일회성 이벤트적인 것이 아니라 일정 기간 동안 가정, 직장 사회생활까지의 삶을 말한다. 조언자라는 의미는 멘토는 조언이나 권면을 하는 것이고 최종 결정은 멘제가 한다는 것을 의미한다.

멘토의 올바른 역할	멘토는 전인적인 삶의 조언자이다. 전인적인 3가지는 인격을 의미하며 아래와 같다.
전문적인 면 – 지(知)	지식, 기술, 학습, 업무, 정보, 자격증, 학위 등을 전이한다.
정서적인 면 – 정(情)	포용력, 이웃 돕기, 정신신체건강관리, 인간관계 등을 전이한다.
의지적인 면 – 의(意)	의지력, 결단력, 윤리적, 리더십, 목표설정, 기획력, 절제력 등을 전이한다.

이러한 멘토가 되기 위하여 갖추어야 할 5가지 역할 멘토십 스킬을 소개하면 교육(Teaching)에 대한 스킬, 상담(Counseling)에 대한 스킬, 지도(Coaching)에 대한 스킬, 후원(Sponsoring)에 대한 스킬, 그리고 조정(Confronting)에 대한 스킬이다.

1. Teaching(교육)

가르치는 교사의 역할(IQ부문)이다.

교육을 실시하는 것은 멘제에게 테크닉을 주입시키는 것이 아니다. 교육의 근본은 '너는 우리 가족이다' '너는 해낼 수 있다'는 의식을 깨우치는 것이다. 이 기본만 확실히 되어 있다면, 이후의 기술 습득과정은 60%~90% 단축된 것이나 다름없다. 왜냐하면 이 자각이 학습의욕을 불러일으키기 때문이다.

그러나 유의해야 할 점은 '교육'과 '지시 내리는 것'을 혼동하여서는 안 된다. 교육이 일방적인 지시가 되어서는 안 된다는 것이다. 적절한 도구와 행동의 자유를 주어 스스로 해 보도록 하고 결과에 관하여 구체적이고 솔직한 피드백을 해 줌으로써 잠재능력을 향상시키는 것이다. 그러한 잠재능력을 누구나 갖고 있다는 굳은 신념에 입각하여 행동하는 것, 이것이 교육의 진수이다.

들어 주는 상담자의 역할(EQ부문)이다.

교육을 담당하는 자라면 누구라도 한 번은 '수강생 제일'이라는 모토를 내세운다. 이 신조가 조직에서 실제 행동으로 이어지느냐 아니면 말로만 그치느냐가, 상담자인가 아닌가를 가르는 판단 기준이 된다. 카운슬러 역이 서툴다는 것은– 즉 문제해결에 나서는 것이 너무 이르거나 너무 늦는 것, 혹은 수강생에게 너무 엄격하거나 지나치게 관대한 것, 학습적으로 단시간에 끝맺거나 까닭 없이 질질 끄는– 이 모토가 체면용에 지나지 않음을 입증하는 것이다.

이제 멘토로서 상담스킬을 다룬다. 멘토로서 카운슬러의 역할은 멘제가 실력을 마음껏 발휘하는 것을 가로막는 문제를 이해시키고 그 문제의 해결에 도움을 주는 것이다. 시간을 가지고 인내심을 지녀야 한다. 물론 더러는 30분만 들이면 해결할 수 있는 것도 있다.

정보부족이나 단순한 오해에서 비롯된 문제는 쉽게 풀린다. 그러나 훌륭한 기술을 가지고 있음에도 불구하고 팀플레이를 주저하는 멘제를 설득하여 다른 사람과 협력하도록 만들기 위해서는 며칠이나 몇 개월이 걸릴지도 모른다. 카운슬링이란 이러한 여러 가지 문제 상황을 해결해야 하는 '감초'인 것이다.

3. Coaching(코치)

같이 뛰어 주고 친목교제를 나누는 코치의 역할이다.

코칭(Coaching)과 후원(Sponsoring)은 미묘하지만 차이가 있다. 후원은 두드러진 능력을 가진 멘제를 무리 속에 사장되지 않도록 끌어내 주고 밀어주는 것인 데 반해, 코칭은 일반적으로 멘제를 온전한 조직원으로 만들고 적극적으로 조직에 참여하도록 정서적인 친목을 유도하는 것이다.

구체적으로 말하면, 멘제와 친목 교제를 하는 것 즉 업무 가운데서 신뢰를 유지하는 것, 활력을 부여하는 것, 반면 멘제와 업무를 떠나서 인성적인 차원에서 등산, 외식, 영화, 경기관람, 가정방문, 서점방문 등으로 친목을 통하여 마음이 하나가 되는 것이다.

4. Sponsoring(후원)

추천하고 신분을 보증해 주는 후원자 역할이다.

후원이란 강력한 훈련을 실시하여 용기를 북돋아 준 다음 멘제가 자신의 힘으로 학습을 수행할 수 있도록 여러 조건을 마련해 주는 것이다.

멘토 후원자는 멘토가 실력을 마음껏 발휘할 수 있도록 장애물을 제거하여 홀로 설 수 있도록 한다. 멘제가 조직에 적응과 업무와 학업에 필요한 기술을 이미 익힌 상태에서 이것을 발휘하도록 하는 것이 후원이다. 후원의 요점은 그때까지 잡아 주고 있던 손을 갑자기 놓지 않는 것이다. 갑자기 손을 놓아 버리면 비틀거리며 쓰러지고 만다.

반대로 너무 오래 붙들고 있어서도 안 된다. 한참 잡고 있다 놓을 때는 또 사정없이 놓아 버리고 말면 멘제는 이때 그동안 가졌던 멘토에 대한 신뢰를 잃어버리게 된다.

후원이란 원 투 원(One to One)으로 멘제의 자립성을 개발하는 것이다. 멘토는 멘제의 가이드인 것이다. 멘토는 멘제를 자신의 생각대로 움직이게 하고 싶은 충동에 휩싸이기 마련이다. 그렇지만 이 충동을 뿌리치는 것이 후원자로서 지녀야 할 중요한 마음가짐 중의 하나이다.

후원자의 역할은 기본원리로 공평(Fairness), 자유(Freedom), 참여(Commitment), 지원(Waterline) 등 네 가지를 들 수 있다.

멘제와 그 후원자 멘토는 이 기본원리를 제대로 수행할 수 있어야 비로소 승자로 살아남을 수 있다. 멘토로서 후원자는 자발적으로 후원 대상자인 멘제의 활동, 행복, 진보, 성취, 개인적 문제, 장래 희망 등등에 적극적이며 긍정적인 관심과 칭찬을 아끼지 말아야 한다.

5. Confronting(조정)

맞대면하여 업무 보직적응력에 대한 불만을 해소한다.

멘제의 적응력과 업무 능력을 올리기 위하여 멘토는 모든 수단으로 지원하지만, 효과가 나타나지 않을 경우 멘제의 업무, 보직

상급자까지도 조정을 해 줄 필요가 있다. 그 경우에는 다른 방책을 진지하게 고려할 필요도 있다. 중요한 것은 방관하지 말고 문제를 정면에서 보고 조정해야 한다. 달리 어떤 해결 방법이 있는지 명확히 하고 선택의 폭을 넓히는 것이다.

멘토의 활동 수칙 개발

3장

　멘토는 인간을 기술자로 만드는 것이 아니고 기술자를 인간으로 만드는 역할이다. 스승, 코치, 상담자라고 해서 모두 멘토가 될 수 있는 것은 아니다. 그러나 훌륭한 멘토는 이러한 능력을 고루 갖춘 사람이다.

　특히 조직에서 상급자가 생산성 효과를 챙기는 역할에 대비해서 멘토는 가정에서 어머니와 같이 인간성을 챙겨 주는 역할이다. 멘토는 한 사람의 삶에 진정한 변화를 가져다주며 조직 경영에서 인재 경쟁력을 가져다준다.

① 한 번에 한 사람의 파트너와만 만나라. 대량의 생산은 사람의 개발에 적용되지 않는다.

② 개인적인 내용은 비밀을 유지하라. 이것에 실패한 멘토는 사람과 신용을 모두 잃는다.

③ 겸손한 마음으로 나는 돕는 역할을 할 뿐임을 알라. 자기를 주입하려 하지 말고 도우라. 그래야 상처가 없다.

④ 멘토 자신이 계속 훈련을 받으며 자라 가라. 멘제는 우리의 자라는 모습을 통해 더 격려를 받는다.

⑤ 말보다는 삶으로 본을 보이라. 멘제는 말보다 멘토의 삶을 통해 변화한다.

⑥ 상대방에 대한 진지한 사랑과 관심을 가지라. 멘토링의 기술보다는 사람이 더 중요하다.

⑦ 먼저 들어 주고 자세히 관찰하라. 잘 들을 때 멘제의 필요를 빨리 발견할 수 있다.

⑧ 시간과 약속을 잘 지키라. 약속을 지킬 때 서로의 신뢰가 쌓인다.

⑨ 언어 사용에 주의하고 예의를 지키라. 언어 사용은 멘토의 인격을 나타내 줄 때가 많다.

⑩ 물질과 시간을 투자하고 멘토링 활동에 최우선순위를 두라. 투자하는 만큼 열매를 맺는다.

⑪ 멘토의 모든 활동은 모니터의 지도와 관찰을 받으라. 멘토 자신의 멘토가 모니터임을 기억하라.

⑫ 함께 목표를 설정하라. 목표가 없으면 두 사람의 만남이 방향을 잃기 쉽다.

⑬ 어떤 내용을 가지고 교제할지에 대해 정하라. 미리 알 때 기대감이 생기고 준비가 된다.

⑭ 정규적인 만남을 가지라. 정규적인 만남이 두 사람의 목표를 이룸에 크게 작용한다.

⑮ 기간을 정하고 시작하라. 일정한 기간이 정해질 때 지루함이
방지되며 계획 설정에 도움이 된다.

⑯ 문제해결에 있어 성인이나 위인들의 말을 인용하라. 성인들
의 말을 인용할 때 멘제의 이해의 폭이 넓어진다.

⑰ 외적인 요소로만 사람을 판단하지 마라. 외형이나 신분에 집
착하는 것은 멘토링 활동의 실패원인이다.

⑱ 적극적인 자세를 가지라. 소극적인 멘토는 멘제의 열심을 끌
어내지 못한다.

⑲ 2~3개월에 한 번씩 두 사람의 관계를 평가하라. 정기적인
평가는 방향 설정을 재정립해 준다.

⑳ 멘토링 활동은 가능하면 동성끼리 하라. 서로에게 이성을 느
끼는 사이라면 피하는 것이 좋다.

1. 우수한 업무 능력을 소유한 자

일에 대한 열정은 오직 남들보다 뛰어난 성과를 보여 줄 때만 멘토로 인정받는다.

2. 항시 자신감을 키우고 있는 자

커리어를 쌓으며 부딪치는 다양한 어려움은 자신을 신뢰하는 자만이 극복하고 멘토로 인정받을 수 있다.

3. 원하는 바를 거침없이 먼저 요구하는 자

주장하고 얻어 내라. 선수를 쳐도 당신 차지가 되면 아무도 비난할 수 없다.

4. 조직 내 분위기를 제대로 읽는 자

여성들이여, 제발 자기 일만 열심히 하는 함정에 빠지지 말고 주위 분위기를 파악하는 자가 되라.

5. 네트워크를 이용하는 자

모든 일을 혼자서 처리할 수 없다. 직장의 맨 꼭대기에 오를 때까지 네트워크를 동원해 도움을 구하고 받아들이는 자가 되라.

6. 끝까지 포기하지 않는 자

실패 위에 성공이 있다. 일이란 야구 경기 같은 것이다. 이번 게임에 져도 다음 시즌이 또 시작된다.

7. 자기가 떠날 때를 아는 자

도저히 유리천정을 뚫을 수 없을 때, 과감히 떠나라. 문제는 우리 여성이 아니라 시스템이다.

8. 직장을 신중히 선택하는 자

직장은 단순히 월급을 받는 곳이 아니다. 당신의 에너지를 바칠 일터를 고르는 것이다.

9. 카멜레온이 되지 않는 자

직장에 적응하되 자기 자신까지 바꾸는지는 마라. 성공은 영혼을 파는 일이 아니다.

10. 인생의 우선순위를 정한 자

일에서의 성취감이든, 직장과 가정의 조화든, 중요한 것은 한 인간으로서, 한 여성으로서 바로 당신의 성취감이다.

5장

훌륭한 선생님이나 코치는 학생의 능력을 25%에서 50% 정도, 기껏해야 100% 상승시킬 수 있을 뿐이지만 훌륭한 멘토는 그 수준을 1,000%에서 5,000%, 때로는 10,000%까지 높여 줄 수 있다. 예를 들어, 비즈니스 멘토는 내 수입을 50,600% 이상 높여 주었다. 대인관계 멘토는 내가 아내의 마음을 돌려서 우리가 경험해 보지 못했던 가장 행복하고 완벽한 관계를 형성할 수 있도록 도와 주었다.[Steven Scott(포춘지 500대기업 중 8번째 부자 CEO)]

1. 어떤 분야에 멘토가 필요한가

인간관계에서 도움이 필요한가, 직업적인 문제 전반에 걸쳐 도움이 필요한가, 경영이나 마케팅 기술 같은 특정 분야에서 도움이 필요한가? 나는 인간관계 분야에 중요한 멘토가 두 명 있고, 사업적인 문제를 해결하는 데 도움을 얻는 멘토가 한 명 있다. 멘토는 결코 한 명일 수 없다.

2. 이뤄야 할 꿈에 맞는 멘토의 명단을 작성하라

꿈의 목록을 작성하고 가장 중요한 꿈부터 시작해 당신이 가장 존경하고, 통찰력, 지혜와 충고를 줄 수 있는 사람들의 명단을 작성하라. 선호도순으로 이름을 적어라. 다시 말해, 각 목록의 꼭대기에는 이 세상에서 단 한 명만 고르라고 했을 때 선택할 사람의 이름을 적어야 한다. 그 사람이 당신에게 단 1분도 내주지 않을 거라고 생각한다고 해도 그 사람의 이름을 맨 꼭대기에 적어라.

3. 멘토와의 관계를 적어라

시장, 친구, 아는 사람, 친구의 친구, 전혀 모르는 사람 등등 작성한 목록 옆에 멘토와 당신과의 관계를 적어라.

4. 멘토에 대한 모든 것을 적어라

개인적인 경험을 통해 직접 알게 되었든 누군가를 통해서 알게 되었든, 그 사람에 대해 알고 있는 전부를 적어라.

5. 멘토에 대해 할 수 있는 모든 조사를 하라

그들이 좋아하는 것, 싫어하는 것, 열정을 보이는 것은 무엇인가? 일을 할 때나 안 할 때 시간은 어떻게 보내는가? 그들은 무엇을 통해 동기를 부여받는가?

6. 멘토를 잘 모른다면 누가 그들과 친한지 조사하라

당신이 멘토와 직접적인 안면이 없다면, 멘토와 친한 사람을 찾아보자. 당신이 아는 사람이 있을 수도 있다. 만약 그렇다면 멘토와 당신이 공통적으로 아는 그 사람부터 만나 보라. 설령 아는 사람이 없더라도 멘토와 처음 만날 때, 멘토가 친한 사람의 이름을 언급하면서 대화를 풀어 나가라.

7. 만나기 전에 미리 준비하라

잘 모르는 사람과 개별적으로 만나거나 전화나 편지로 접촉할 계획이라면 만나기 전에 제안이나 부탁하는 말을 준비할 필요가 있다. 우선, 서로 공통적으로 아는 사람이 있다면 그 사람에 대한 이야기로 시작한다.

두 번째는 상대를 존경하게 된 이유를 이야기해야 한다. 그 다음에는 간단하게 왜 이런 것들이 당신에게 중요한지, 또 어떻게 그의 통찰력이나 지혜를 당신 삶의 일부로 받아들이고 싶은지 설명하라. 마지막으로, 그가 일주일에 한 번씩이나 한 달에 한 번씩 짧게라도(점심이나 아침시간, 커피를 마시거나 간단한 운동을 같이 할 수 있는 정도의 시간) 시간을 내줄 수 있는지 물어보라. 그 시간에 당신은 특정한 영역에서 당신에게 도움이 될 만한 것을 물어볼 수 있다.

8. 이제 연락해 보자

개별적으로 만나는 것보다 나은 것은 없다. 당신이 선택한 잠재적인 멘토에 따라 이 전략은 가능한 것일 수도 있고 그렇지 않을 수도 있다. 직접 만날 수 없다면 차선책으로 전화를 이용하라. 개인적으로 만날 수 없거나 전화로도 접촉할 수 없을 때에는 편지를 이용하라. 어떤 방식으로 접촉하든지 간단하고 적절하게 하라. 만나 볼 가치가 있는 멘토라면(퇴직한 상태가 아니라면) 이미 바쁜

스케줄이 있다. 그 사람이 앞으로 당신과 만나는 데 너무나 많은 시간을 할애해야 한다고 생각한다면, 당신의 제안을 일언지하에 거절하거나 당신을 피할 것이다.

9. 멘토를 만난 후

처음 접촉한 뒤에는 그 잠재적인 멘토가 해 준 구체적인 말이나 행동에 대해 언급함으로써 간단하게 감사를 전하라.

10. 다음 사람으로 넘어가라

당신이 처음으로 선택한 사람이 부탁을 거절했다면 확실히 그 이유를 밝혀내야 한다. 그 다음에는 당신이 작성한 목록의 두 번째 사람에게 이와 똑같은 과정을 반복한다.

여성이 직장에서 더 이상 오를 수 없는 한계는 사라졌으며, 어디서나 고위직 임원이 될 수 있다고 자신 있게 말할 수 있으면 좋겠다. 언론에서는 회사, 정부, 전문 직종, 학계에서 여성의 승진이 '이미 해결된 것'으로 보는 태도가 강하다. 여성이 높은 지위에 오를 때마다, 성차별 요소가 해결되는 기미가 있을 때마다, 사람들은 여성의 승진 문제가 해결됐다고 성급히 믿어 버린다.

그러나 일부 직장에서는 아직도 여성을 조직적으로 거부한다. 최근까지 여성이 후배 여성들에게 역할 모델이 되어 주고 멘토 구실을 할 수 있을 만큼 고위직에 오른 회사는 거의 없다. 소수 여성만이 조직 내에서 실제로 권력을 갖는 자리에 오른다. 이 개척자들은 노력하는 간부급 여성들의 영웅이며, 역할 모델 구실을 한다.

다행히도 요즘 사정이 좀 나아지고 있지만 남성들과 근무시간 외의 시간을 함께 보내지 않으면, 시장에서 성과를 올릴 기회를 놓치게 된다. 남자끼리 벌어지는 일을 놓친다. 더 나쁜 것은 여성들이 뭘 놓치고 있는지 혹은 놓치고 있는 게 있다는 사실조차 모른다는 점이다.

요즘은 남성과 여성이 같은 수준에서 일을 시작할지 모르지만, 그래도 시간이 지날수록 간격이 벌어진다. 직장 여성은 남성과 다른 경험을 하며, 듣기에 민망한 일이 벌어지기도 한다.

하지만 장담컨대 헛된 소망을 가지고 자기를 속이느냐, 현실을 직시하고 감당할 방법을 배우느냐는 여성들에게 달려 있다. 둘 중의 하나를 택해야지 둘을 모두 할 수는 없다.

다음의 내용은 여성들이 직장에 대해 갖고 있는 오해들이다. 하나의 주제에 대해 상황을 간단히 설명했지만, 하나하나 읽다 보면 요지를 파악하게 될 것이다.

1. 직장에 대한 오해 1:
"내가 여자인 건 문제가 안 될 거야."

(1) 사실

법이 어떠냐, 인권이 어떠냐는 문제가 아니다. 중요한 것은 현실이며, 직장 경험을 결정하는 것은 남성이라는 점이다. 여성이라는 사실만으로도 상황이 달라진다. 어디까지 올라갈지, 어떤 업무를 하게 될지, 어떤 기회를 얻게 될지, 연봉을 얼마나 받게 될지, …… 이 모든 부분에서 남자 동료와는 다른 대접을 받게 될 것이다.

(2) 편견에 대한 대응

남성들이 비즈니스 방식을 만들면서 고의로 여성을 배제한 것은
아니다. 지금 대다수는 여성을 배제시킬 의도가 없을 것이다. 하지
만 여성이 기업 문화를 혁신하는 데 있어 주요 역할을 할 때까지
는, 자신들이 만들지 않았고 이해 안 되는 규칙에 적응하는 법을
배워야 한다.

2. 직장에 대한 오해 2:
"여성들에 대한 편견이 있긴 하지만 내가 영향을 받지 않을 거야."

(1) 사실

아무리 경쟁력이 있고 강인하고 재능 있고 영리한 여성이라도,
여성에 대한 편견에 대비하지 않으면 앞으로 나아가는 데 장애가
될 수 있다.

(2) 여성들에 대한 편견

① 여성은 남성보다 일에 열성을 덜 쏟는다.
② 여성은 시간 외 근무를 하지 않는다.
③ 여성은 업무를 맡을 자격이나 준비가 되어 있지 않다.
④ 여성은 공격적이지 않다.
⑤ 여성은 리스크를 감수하지 않는다.

⑥ 여성은 임신하면 집에 있게 된다.

⑦ 여성은 전근이나 업무상 출장 갈 수 없다.

⑧ 여성은 기적을 일으키지 못한다.

⑨ 여성은 남자의 부양을 받으므로 일자리가 필요하지 않다.

(3) 편견에 대한 대응

① 주제를 꺼낸다.

② 직원으로서 전근, 출장, 리스크 등 뭐든 감수하겠다는 의지를 분명히 밝힌다.

③ 시간이 흐르고도 변화가 없다면 관리자에게 다시 말한다.

④ 그래도 변화가 없다면 직장을 옮길 작정을 할 수밖에 없다.

3. 직장에 대한 오해 3:
"나를 증명해 보이면 성 차별은 싹 가실 거야."

(1) 사실

여전히 고위 관리자들은 남성이며, 여성과 많이 일해 본 적이 없는 관리자들은 직장 여성을 일반화해서 생각하는 경향이 있다.

(2) 편견에 대한 대응

직장 생활 초기에 이런 편견에 대처하는 것은 각자에 달려 있다.

상관에게 인사하는 첫날부터 자기주장을 분명히 해서, 새로운 책임을 받아들일 의지와 준비가 되어 있음을 확실히 알게 하자. 하지만 모든 남성 상관이 이런 편견을 갖고 있는 것이 아니므로 공격적으로 대할 필요는 없다. 여성의 업무를 존중하고 능력을 믿으며, 편안해하는 스타일의 남성 상관은 금방 알아볼 수 있다. 이런 상관 밑에서 일하게 되면 행운이다.

4. 직장에 대한 오해 4:
"시간이 지나면 문제가 해결될 거야."

(1) 사실

시간은 우리에게 나쁘게 작용할 뿐이다. 상관들 역시 이런 오해를 한다. 최고급 관리들 역시, 여성들이 간부로 진입하는 중요 요소가 시간이라고 잘못 판단한다.

(2) 편견에 대한 대응

시간이 흐른다고 승진이 보장되지는 않는다. 고위직에 오를 기회를 얻기 위해서는 시간을 잘 활용해야 한다.

5. 직장에 대한 오해 5:
"재능이 있으니 열심히만 하면 성공할 거야."

(1) 사실

이 두 가지는 필수 요소이긴 하지만 그것만으로 성공하는 것은 아니다. 대부분 무뚝뚝하고 능력 있는 여성은, 재능과 노력이 출세를 보장해 준다고 믿는다. 하지만 재능만 보고, 밀어주고 보상해 주는 시스템을 도입하는 조직은 없다. 재능만으로 직장 환경에서 성공할 수 없다.

(2) 편견에 대한 대응

기업들은 여성과 소수자들의 승진을 보강하는 방침을 세워, 현실을 개선하고 있다. 그러므로 직장 여성에 대한 편견은 줄어드는 상황이다. 하지만 그것만 믿고 가만히 있을 순 없다. 여성의 앞을 가로막는 장애를 극복하려면 계속 주시하고 이 환경을 극복할 수 있는 멘토 찾기에 우선해야 한다.

Part

03

여성리더개발 이야기 (Story— 1)

아무나 멘토링 활동에서 멘토로 참여할 수 있는 것은 아니다. 그러므로 상사, 팀장, 코치, 교사라고 해서 모두 멘토가 될 수 있는 것은 아니다. 훌륭한 멘토는 이러한 역할을 다할 수 있어야 한다. 그러면 훌륭한 멘토가 될 수 있는 기준은 무엇인가? 먼저 초대 멘토가 교재로 수학, 철학, 논리학을 사용한 것에 염두를 두어야 한다. 이 세 권이 오늘날 상징적으로 인격(知, 情, 意), 즉 전인교육(전문적인 부문, 정서적인 부문, 윤리적인 부문)을 의미한다.

금번 이 장에서는 멘토의 기능 면에서 기술이나 학문에 집중하기보다는 리더십이나 인간적인 면을 고려하여 선발된 모범 멘토링 사례를 선정해서 소개한다.

1. 조수미(曺秀美): 성악가/멘토 폰 카라얀
2. 박청수(朴清秀): 원불교 교무/멘토 어머니
3. 이소연(李素姸): 우주인/멘토 어머니 정금순
4. 인순이(김인순): 가수/멘토 김수환 추기경
5. 강수진(姜秀珍): 발레무용가/멘토 마리카 베소브라소바 교장

장

멘토(Mentor) 1: 어머니 김말순

멘토(Mentor) 2: 카라얀 지휘자

1986년 그녀는 큰 전환기를 맞이했다. 주위의 권유를 받아들여 자의 반 타의 반으로 이태리 유학의 문을 두드렸는데 행운의 여신은 당시의 21세기 거장(巨匠) 지휘자 헤르베르트 폰 카라얀(Herbert von Karajan)을 만나는 길로 인도해 주었다. 조수미의 잠재력(潛在力)을 발탁한 카라얀! 그는 '신이 내린 목소리'라고 극찬하면서 사랑하는 조수미를 세계적인 오페라 왕으로 이미 그때 그녀의 길을 예고하였다.

1. 조수미 Profile

출생: 1962년 11월 22일(서울특별시)

학력: 산타체칠리아음악학교 성악 학사

데뷔: 1986년 오페라 '리골레토'

수상: 2008년 국제푸치니상

경력: 2007년 8월 여수엑스포 홍보대사
2006년 12월 평창동계올림픽 명예홍보대사

1962년 서울에서 태어난 조수미는 어릴 때 무용, 성악, 가야금, 피아노 등 다방면에 걸친 폭넓은 교양을 익혔고 또 소질을 보였던 그녀는 음악에 조예가 깊은 어머니에 의해, 그 유달리 뛰어난 성악적 재능을 인정받고 성악가로 클 수 있는 집중적인 교육을 받았다.

동북초등학교를 거쳐 선화예중·고를 수석으로 입학했던 그녀는 서울대 성악과를 과 개설 사상 최고의 실기점수를 받으며 수석으로 입학, 이때부터 이미 남다른 가능성을 지닌 재목으로서 세인들의 입에 오르내리기 시작했다.

하지만 학교생활에 크게 만족하지 못했던 그녀는 입학한 지 채 1년도 안 되어 성악의 본고장인 이탈리아로 유학을 떠나게 된다. 역시 대어다운 탁월한 선택이었다.

이곳의 세계적인 명성악가인 산실 '산타체칠리아' 음악원에 입학하면서 그녀는 비로소 그 천재성에 걸맞는 순도 높은 조련의 과정을 거치게 된다. 그녀의 목소리에 새 생명력을 불어넣어 준 이는 음악원의 자넬라 보넬리 여사. 비록 메조소프라노로 음역은 달랐지만 그녀는 조수미의 고음을 연마시켜 주고 완벽한 테크닉을 갖추도록 큰 공헌을 했다.

음악원 유학 2년 만인 1985년 그녀는 나폴리 존타 국제 콩쿠르에서 우승을 차지하면서 국제무대에 두각을 나타내기 시작했다.

이어 여러 콩쿠르를 차례로 석권하면서 경력을 쌓은 그녀는 드디어 1986년 정식으로 오페라 데뷔를 갖게 된다. 이탈리아 5대 극장의 하나인 트리스테 베르디 극장에 <리골레토>의 질다로 출연한 것이 그것이다.

이때 선보인 환상적인 가창으로 거장 카라얀을 감복시킨 그녀는 2년 뒤 그의 오디션에 초청되어 함께 작업하여 세계적인 명성을 쌓을 수 있는 결정적인 전기를 마련했다.

2. 멘토(Mentor) 1: 어머니 김말순

조수미(曺秀美)의 어머니 김말순(金末順, 71) 여사는 "어린 시절부터 딸의 소리가 예사롭지 않았다."고 했다. "노래를 시키면 아이답지 않게 소리가 쭉쭉 뻗어 나가더라."는 것이다.

"수미는 아버지의 목소리를 타고났어요. 그 양반 목소리가 카랑카랑했거든요. 회사 야유회에서 '번지 없는 주막'을 불러 자전거를 타 오기도 했습니다. 성격도, 생긴 것도 아버지를 빼다 박았어요. 코흘리개 시절부터 혼자 웅얼거렸어요. 처음엔 이상하다고 생각했는데 그게 노래였습니다. 유치원 시절에 이미 동요란 동요는 다 꿰고 있었어요."

　영자신문「코리아 헤럴드」에서 타이피스트로 일했던 金 여사는 자신이 좋아했던 마리아 칼라스나 레나타 테발디 등 당대 프리마 돈나의 음반을 들려주거나 오페라 아리아를 화제 삼아 딸에게 얘기해 주었다고 한다.

　여섯 살 무렵부터는 조수미(曺秀美)의 손을 잡고 세종문화회관이나 이화女大 대강당 등 오페라 공연장을 찾았다. 일찌감치 딸이 자신의 재능에 눈뜰 수 있게 매니저 겸 후원자로 나선 것이다. 그녀는 2003년 문화관광부가 제정한 '예술가의 장한 어머니상'을 수상했다.

　"여섯 살부터 '동당동당' 피아노를 쳤는데 음감이 빨라 한 번 들은 곡은 여지없이 외워 쳤어요. 그걸 절대음감이라고 하나요? 서울 면목동에서 살 때였는데, 옆집 담 너머에서 음악이 흘러나오자 한 소절도 빠뜨리지 않고 피아노로 옮겨 치더라고요. 깜짝 놀랐습니다. 언젠가 유명 오페라 공연장에 데려간 일이 있었는데, 한참 듣더니 '이 부분은 이렇게 불러야 하는데 틀렸다.'고 지적해요."

　金 여사는 딸이 1983년 이탈리아 로마의 산타 체칠리아 음악원으로 유학 가자 거의 매일 편지를 썼고, 오페라 음반이나 악보를 구하거나 국내 유명 오페라 공연이 있으면 녹음해 두었다가 로마로 보내는 일을 게을리하지 않았다. 심지어 딸이 깻잎 냄새가 가득 밴 신림동 시장의 순대가 먹고 싶다면 순대를 밀봉해 보내 주었다.

　딸이 결혼하지 않는 것에 대해선 "너무 바쁘니 어쩔 수 없다."고 했지만 언젠가는 신랑감을 데려오리라 믿어 의심치 않는 눈치였다.

　"사실 결혼시켜야겠다는 뜻이 강했는데 너무 바빠요. 간혹 좋은 분을 소개받아도 몇 달씩 대륙을 오가며 연주 여행을 떠나니 대화가 오래가지 않는 눈치입니다. 글쎄, 세계에서 제일 바쁜데 어쩌겠어요."

金 여사는 딸의 공연장을 자주 찾는 편이다. "고음 F를 소화할 수 있는 세계에서 몇 안 되는 '콜로라투라(꾸밈음이나 스릴이 넘치는 화려한 악구가 기악적으로 펼쳐지는 선율 양식)'이니 흠잡을 데가 없다."고 대견스러워하면서도 "레퍼토리로 더 좋은 곡을 선택하라."는 충고를 아끼지 않는다. 曺秀美가 공연을 마친 뒤 어머니의 눈빛을 마주치는 것이 제일 두렵다고 말할 정도이다.

'태몽이 뭐냐'고 묻자, 한참을 웃더니 "수미를 낳기 전 단칸방에 살 때였는데 수세미 넝쿨 같은 것이 온 집안을 휘감더라."고 했고, 딸이 서울大 음대에 입학할 때는 "작은 어항에 큼직한 금붕어가 있는 꿈을 꾸고 화들짝 놀라 깬 적이 있다."고 했다.

멀리 떨어져 사는 딸을 그리며 金 여사는 매일 그녀가 부른 아리아를 듣는다. 눈을 떠서 감을 때까지 항상 딸의 음성과 함께한다. "수미가 부른 노래는 다 좋아하지만 그중에서 '루치아'와 '청교도'를 제일 좋아한다."며 "그 노래를 들을 때마다 전율하고 또 전율한다."고 했다.

3. 멘토(Mentor) 2: 헤르베르트 폰 카라얀
(Herbert von Karajan, 1908~1989)

■ 조수미가 본 카라얀

카라얀을 두고 이런저런 말들이 많다. 어떤 사람들은 카라얀을 음악의 제왕이라고도 하고, 또 어떤 사람들은 카라얀은 화려하게 포장된 상품에 불과하며 출세에 눈이 먼 장사꾼에 지나지 않는다고 비난한다.

어느 쪽이 진실일까? 진실은 늘 여러 가지 모습을 갖고 있다. 이것이 진실이라고 말할 자신은 없다.

그러나 적어도 내게 카라얀은 화려하게 포장된 상품은 결코 아니었다. 카라얀이 독재자였다는 말은 맞을지 모른다. 그는 너무나 엄격해서 작은 실수 하나도 그냥 넘기지 않았고, 자신을 완전히 승복시키지 않는 한 다른 사람의 견해를 절대로 받아들이지 않았다.

카라얀이 처음 내 인생 속으로 날아든 날이 엊그제처럼 생생하다. 그날 나는 음악을 크게 틀어 놓고 저녁준비를 하고 있었다.

저녁 7시쯤, 전화벨이 울렸다. 독일어 악센트가 강하게 울리는 웬 여자가 나를 찾았다.

"네. 제가 조수미인데요."

"아, 저는 폰 카라얀의 비서입니다."

그때부터 가슴이 두근거리기 시작했다. 전화를 끊고 나서도 한동안 나는 정신을 차릴 수가 없었다. 잘츠부르크에 와서 오디션을 받을 수 있겠느냐는 비서의 말에 뭐라고 대답했는지, 전화를 끊고 나니까 그저 멍할 뿐이었다.

그때 카라얀에게 오디션을 받는 사람은 나 혼자가 아니었다. 이탈리아의 메조 소프라노인 체칠리아 바르톨리와 역시 이탈리아 바리톤인 루치오 갈로가 함께 오디션을 받을 예정이었다. 우리 셋은 우연히 레오나르도 다빈치 고향에서 만나 함께 잘츠부르크로 왔다. 셋 다 흥분한 상태였다.

약속한 극장에 도착했다. 길고 높게 지은 유럽의 전통 있는 극장과는 달리 무대가 굉장히 넓고 객석도 양옆으로 넓게 퍼져 탁 트인 느낌을 주었다. 극장 구경을 하며 초조하게 카라얀을 기다린 지 30분쯤 지난 뒤였다.

감색 트레이닝복을 입은 카라얀이 누군가의 부축을 받으며 우리 쪽으로 천천히 걸어왔다. 짧은 거리였지만 몸이 불편한 카라얀은 슬로비디오처럼 느릿느릿 걸었다.

황환 같은 제왕의 말년이었다. 슬프고 아름다운 황혼……

우리 셋은 무대 근처에 있고 카라얀은 객석 중간에 앉았다. 무대 위엔 노란 조명이 동그란 원을 만들며 강하게 내리비쳤다.

객석의 불이 동시에 꺼졌다. 그때처럼 긴장한 건 처음이었다. 어둠과 침묵, 무대 위의 강렬한 조명, 손에 끈적끈적하게 땀이 배었다.

"한국인 소프라노 어디 있지? 맨 처음 당신의 노래를 듣고 싶은데."

말 잘 듣는 초등학교 1학년짜리 아이처럼 나는 얼른 손을 들고 무대 위로 올라갔다.

<리골레토>에 나오는 질다의 아리아 '그리운 그 이름' 전주가 흘러나왔다. 나는 난생처음 떨린다는 게 어떤 건지를 실감했다. 두려움이라기보다는 일종의 강렬한 흥분상태라고나 할까. 카라얀을 만나러 가는 길, 가슴은 쿵쿵거리고 하나씩 올라가는 계단마다 예스, 노를 반복하며 밟았다. 카라얀은 내게 손을 내밀었다. 나는 얼떨결에 그의 손을 잡았다.

"축하하네."

그 말 뒤에 그는 나를 정면으로 응시했다. 카라얀의 목소리도 흥분으로 떨리고 있었다.

"도대체 지금까지 어디에 숨어 있었던 거지? 수미 조의 목소리는

신이 내린 소리야. 그런 목소리는 한 세기에 하나 나올까 말까 한 신의 선물이지. 그러니 수미 조는 신의 선물을 잘 갈고닦아 사람들에게 기쁨을 주어야 할 의무가 있어." 이탈리아 유학 때부터 많은 사람들에게 이미 무대에 설 만큼 테크닉이 완벽하다느니, 음악성이 뛰어나다느니 하는 찬사를 받아 왔지만, 카라얀에게서 그런 말을 듣고 나니 몸 둘 바를 몰랐다. 어떻게 대답해야 할지도 난감했다.

"수미 조는 도대체 어디서 공부를 했지? 누구에게 사사했어?"

"한국에서 배웠습니다."

"불가능해! 불가능하다고! 한국에도 그렇게 뛰어난 선생들이 있단 말인가?" 불가능하다는 말을 몇 번 외치더니 한참 후에야 카라얀은 고개를 끄덕였다.

"역시 한국은 대단한 나라야."

카라얀은 따스한 눈으로 나를 보며 충고했다.

"목소리를 아껴야 돼. 밤의 여왕 역이 많이 들어오지? 아직 나이도 어리고, 밤의 여왕 역은 성대에 무리가 가니까 웬만하면 하지 말라고. 연주 욕심도 너무 부리지마. 자기 시간을 많이 가져. 자기에게 헌신하는 시간을 많이 가져야 큰 그릇이 돼."

그 말은 두고두고 내게 많은 도움을 주었다.

카라얀은 내가 아주 어린 시절부터 좋아한 지휘자였다. 내 또래의 감상적인 소녀라면 누구나 카라얀이 지휘하는 모습이 담긴 패널을 하나쯤 갖고 있을 것이다. 카라얀은 음악을 하는 내게 하나의 우상이었다. 그 우상과 함께 연주할 수 있다니. 카라얀은 수많은 이야깃거리를 만들어 낸 인물이다. 카라얀이 눈을 감고 지휘한다는 건 누구나 알 만한 사실이다.

카라얀의 놀라운 기억력도 세간에 흘러 다니는 유명한 일화이다. 한 시간짜리 교향곡은 물론이고 세 시간짜리 오페라를 연주하는 데도 카라얀은 악보 한 번 보지 않는다고 한다. 카라얀이 완벽하게 외우고 있는 오페라만 해도 50여 곡이 넘는다고 했다.

그뿐인가. 내가 즐겨 듣던 많은 곡들은 카라얀의 지휘로 녹음된 것들이었다. 카라얀의 이름이 적힌 레코드를 나는 수없이 들어 왔다.

그에게 선택되어야만 최고라고 인정을 받는 게 유럽 무대의 실정이었다. 그런 카라얀에게 내가 발탁되다니…… 로마행 비행기를 타고 로마 시내가 한눈에 들어올 때쯤에야 나는 흥분상태에서 완전히 벗어났다. 그러자 비로소 두려움이 엄습해 왔다.

이제부터는 공부하는 학생이 아니다. 카라얀과 같은 무대에서 내가 가진 것을 고스란히 드러내 보여야만 하는 진짜 연주가의 인생이 기다리고 있는 것이다. 그러나 그 두려움은 달콤하고 감미로웠다.

멘토(Mentor): 어머니

박청수 교무는 40여 년간 국내와 세계 55개국에서 빈곤과 질병 퇴치운동을 벌이며 소외된 이들의 삶의 질을 개선하려 노력한 공로로 2009. 6. 1일에 호암상(삼성그룹창업주 고 이병철 회장 기림)을 수상했다.

1. 박청수 Profile

1937년 전북 남원 출생. 전주女高·원광大 원불교학과 졸업. 동국大 대학원 불교철학과 졸업. 원불교 사직교당 교무, 원불교 전국청년회 회장, TOU국제다종교협력기구 이사, 원불교 평양교구장 역임. 現

청수나눔실천회 이사장, 전인학원 이사장, 원불교 강남교당 교무.

2. 멘토(Mentor): 신앙의 길을 열어 준 어머니
"너른 세상에 나가 많은 사람 위해 큰살림해라."

스물일곱에 남편 잃고 두 딸을 키운 어머니

"시집, 그까짓 시집 뭣 하러 가냐? 다른 길이 있는 줄을 모르면 여자로 태어나서 시집을 안 갈 도리가 없지만, 더 좋은 길이 있는데 뭣 하러 시집을 가. 너는 이제 커서 꼭 교무(원불교 교역자)가 되어라. 기왕이면 한평생 너른 세상에 나가 많은 사람을 위해 살고, 큰살림을 해라."

어머니가 어린 내 귀에 못이 박이도록 한 말씀이다.

그 시절, 내가 자란 시골에는 시집와 사는 여자 중에서 그다지 행복해 보이는 사람이 없었고, 어쩌다 새로 시집온 새댁들도 남몰래 눈물을 지었다. 좀 더 성장한 훗날에야 알게 되었지만, 우리 어머니 역시 전형적인 한국 여인으로 기구하게 한평생을 사셨다.

엄격한 시어머니를 모시는 일이 쉽지 않은 데다 스물일곱에 남편과 사별했다. 아들 못 낳으면 쫓겨나던 시절에 아들 없이 두 딸을 길러야 했던 어머니의 고난을 길게 얘기해 무엇 하랴?

어린 내 눈에 비친 원불교 교무는 우리 어머니가 지성으로 섬기는 분일 뿐 아니라 많은 사람들이 극진히 모시는 귀한 분으로 비쳤다. 세상에서 내가 가장 부러워하는 분이었다. 어머니가 經(경) 읽듯이 말씀하신 대로, 교무가 되는 것이 어린 시절의 꿈이었다.

어머니는 "네가 만약 교무가 된다면, 어떠한 어려움이 있어도 끝까지 공부시킬 테다."고 다짐했다.

나는 어머니의 신념대로 남원 산골에서 전주로 유학을 와서 전북여중과 전주여고를 졸업했다. 내가 전북여중을 입학하던 그해 6·25전쟁이 터졌으니, 그 시절 어머니의 교육열은 대단한 셈이다.

그 시절은 여고를 졸업했다고 해서 쉽게 외출복을 사서 입기 어려운 때였다. 나는 하얀 선 한 줄을 떼어 낸 교복을 입고 외가댁에 다녀왔다. 외가댁에서 돌아와 안방에 들어섰을 때 긴 한복 검정치마가 걸려 있었다. 나는 그 치마가 원불교의 貞女(정녀)가 되기 위해서 내가 입어야 하는 것임을 순식간에 알아차렸다.

"총부에서 널 오라시는 전갈이 왔다."

어머니는 큰 소원이라도 성취한 분처럼 행복한 표정이었다. 나는 마음속으로 '더 값진 일, 더 큰 일, 더 많은 사람을 위해 살기 위해 교무가 되어야 한다.'고 몇 번이고 되뇌고 다짐했다.

어머니와 내가 그토록 오래 소망했던 바람이 이루어졌는데도 엄청난 긴장감이 나를 휩싸고 있었다. 수도자의 길, 그 忍苦(인고)의 세월이 누르는 무게를 느꼈기 때문이다. 오래전 예정된 출가였지만 새삼 커다란 용기가 필요했다.

지금까지 가깝게 지낸 친구와 모든 인연 있는 분들에게 마치 영원한 작별을 고하는 것처럼 편지를 썼다. 물론 나의 주소 쪽은 비어 있었다. 쌓인 관계의 정리였고 단절의 예고였다.

3. 어머니의 편지: "어미까지 제도할 수 있는 道人이 되라."

어머니와 함께……

여고를 졸업하고 20여 일 만에 나는 세속의 삶과 결별하고 원불교 貞女가 됐다. 그리고 어머니의 희망처럼 교무가 되기 위해, 아직 봄바람이 차갑던 봄날에 출가의 길을 떠났다. 그렇게 해서 나는 원불교 교무가 되었다.

30代의 교무로 일하고 있던 시절, 5월 15일 스승의 날이었다. 어머니는 소포와 함께 賀書(하서)를 보내 주셨다. 어머니가 손수 지으신 옷과 글이 들어 있었다.

"너는 대중의 정신을 깨우쳐 주는 큰 스승이 되고, 어미까지도 제도할 수 있는 법력 있는 도인이 되기를 간절히 축수한다."

못난 딸이 훌륭한 스승이 되기를 기원하는 간절한 바람이었다. 내 교역자 인생을 이끈 가장 큰 가르침은 "기왕이면 한평생 많은 사람을 위해 살고 큰살림을 하라."는 어머니의 말씀이었다. 나는 무슨 일을 할 때마다 어머니의 말씀을 표준으로 삼아 살아왔다.

그리고 원불교 정산종사의 "이제는 천하가 한집안 되는 때라, 앞으로는 어떤 지도자든지 세계주의로 나아가야 크게 성공하리라."는 법문을 따라 왔다.

나는 올해 출가 50년을 맞았다. 너른 세상 많은 사람을 위해 살아오다 멀리 北인도 히말라야 雪山(설산) 라다크의 산촌 어린이들이 공부할 수 있는 기숙학교를 세웠고, 히말라야 오지에 살고 있는 사람들이 현대의료의 혜택을 힘입을 수 있도록 50병상의 종합병원을 세웠다.

지뢰가 많이 묻힌 캄보디아에서 지뢰를 제거하고, 아프리카 15개국에 의약품을 보냈다. 굶주리는 북한동포를 돕고, 호수 물이 말라 더 이상 농사를 지을 수 없는 우즈베키스탄의 아랄海 지역 고려人들을 남부 러시아 볼고그라드 곡창지대로 이주시켰다.

4. 너른 세상 큰살림

지구촌 곳곳에서 지진·화산폭발·허리케인 등 긴급 재난이 생길 때마다 지원해 세계 55개국을 도왔다. 세계 최빈국의 하나인 캄보디아 제2도시 바탐방에 세워진 무료 구제병원에는 매일 100여 명의 환자들이 찾는다.

국내에서는 천주교의 복지시설 성나자로 마을의 나환자를 31년 동안 도왔다. 또한 대안학교인 영광의 성지송학중학교와 용인의 헌산중학교, 북한이탈 청소년 새터민을 위해 안성에 한겨레 중·고등학교를 설립했다. 나의 발길이 53개국에 닿았고, 나의 손길이 55개국에 미칠 수 있었다. 어머니가 열어 준 길을 쉼 없이 걸어온 결과이다.

사람들은 때로 나를 소개할 때 '남을 위해 좋은 일 하는 사람'이라고 한다. "너른 세상에 나가서 큰살림하라."는 어머니의 가르침을 내가 그만큼 실천했다는 얘기일까?(월간조선 2006. 12월호)

멘토(Mentor): 어머니 정금순

이소연 항공우주연구원 선임연구원은 약 2년간의 우주인 선발 과정과 훈련과정을 마치고 지난 4월 '우주를 다녀온 첫 번째 한국인'이라는 영예로운 타이틀을 얻었다. 이 연구원은 이후 전국을 돌며 우주과학기술을 주제로 한 강연 활동에 몰두하고 있다. 자신을 찾는 곳이라면 기업, 사회단체, 학교 등을 가리지 않고 방문해 우주과학기술 연구개발의 중요성을 알리는 전도사로 활동한다.

1. 이소연 프로필

출생: 1978년 4월 27일(광주광역시)

학력: 한국과학기술원대학원 바이오시스템학 박사

소속: 한국항공우주 선임연구원

수상: 2008년 제27회 세종문화상 특별상

경력: 2008년 한국과학기술원 겸임교수
2008년 5월 IAC(국제우주대회) 홍보대사
2008년 4월 우주 비행 참가자

이소연 연구원은 1978년 광주에서 태어나 광주과학고 2학년을 마치고 카이스트 산업디자인과에 응시했지만 탈락의 고배를 마셨다. 이 연구원은 이런 실패의 경험이 오히려 세상을 넓게 보게 만들었고, 결국 우주인 선발이라는 꿈을 이루는 데 밑바탕이 됐다고 회고한다. 이후 카이스트 기계공학과에 진학해 학사, 석사학위 과정을 마친 이 연구원은 바이오 및 뇌공학과에서 박사학위를 받았다. 지난 2007년 3,6000 대 1의 경쟁을 뚫고 고산 연구원과 함께 최종 우주인 후보로 선발된 뒤에는 러시아에서 약 1년간의 혹독한 우주인 훈련과정을 거쳤다.

2. 멘토(Mentor): 어머니 정금순

한국 최초 우주인 이소연 씨의 어머니 정금순 씨가 딸에게 보낸 편지 사연이 공개돼 눈길을 끌고 있다.

지난 8일 소유스 우주선 발사 직전 딸에게 전달한 편지에서 정 씨는 "지금까지 힘들고 어려운 훈련받느라 고생 많았다. 그렇지만 지금까지는 앞으로 해야 할 일들의 준비과정이었고 이제부터가 시작이구나."라면서 딸을 격려했다.

정 씨는 "지금까지 잘해 왔으니 앞으로 남은 일들도 잘하리라 믿는다. 엄마는 모든 일에 항상 긍정적이고 주어진 일에 최선을 다하는 우리 딸이 정말 자랑스럽다."며 딸에 대한 한없는 애정을 보였다.

특히 정 씨는 "네가 갓 태어났을 때부터 지금까지 자라 온 과정을 돌이켜 보면 네가 우주인이 된 것은 이미 세상에 태어나기 전부터 예정된 일이었던 것 같다."면서 "태어날 때부터 '샛별'이란 별명이 붙었고 초등학교 때 그림을 그리면 만화영화 '은하철도 999', 우주비행사 등을 그렸었지."라며 이 씨가 어린 시절부터 우주인의 자질을 키워 왔음을 상기시켰다.

그러면서 정 씨는 "초등학교 교훈이 '나는 할 수 있고 하면 된다'라는 것이었는데 주어진 모든 일을 잘할 수 있을 것으로 확신한다."고 썼다.

정 씨는 "앞으로 대한민국을 위해 우주에서 큰일을 이루고 너를 기대하는 국민과 나라 앞에 큰 영향력을 발휘해 우주 발전에 기여하는 것으로 보답할 수 있기를 바란다. 우주에 제2의 대한민국을 건설하기 위해 멋진 설계를 머릿속에, 마음속에 가득 담아 올 수 있기를 바란다."고 당부했다.

3. 자랑스러운 신앙의 딸

4월 8일 카자흐스탄 바이코누르 우주기지에서 대한민국 최초 우주인을 실은 소유스 우주선이 발사되는 순간, 광주 성지교회에서도 감격의 환성이 터져 나왔다.

이 교회 이길수 안수집사와 정금순 권사의 슬하에서 1남 2녀 중 장녀로 태어난 소연 씨는 어려서부터 남다른 신앙과 친화력의 소유자였던 것으로 전해진다. 어린 시절의 그녀를 기억하는 교우들은 소연 씨가 똑똑하고, 신실한 믿음을 지닌 모범생이었다고 입을 모은다.

소연 씨가 독실한 믿음을 지닌 과학인재로 자란 데는 어머니의 영향이 컸던 것으로 알려졌다. 어머니 정 권사는 소연 씨를 위해 어린 시절부터 '세계적인 인물로 자라게 해 달라'고 기도해 왔고, 장성한 후에도 매일처럼 소연 씨와 QT 내용을 나누며 신앙의 관리자 역할을 충실히 맡아 주었다.

광주과학고등학교를 졸업한 후 대전 카이스트로 진학한 후에나, 우주인으로 선발돼 러시아에서 훈련받는 기간에도 고향을 방문하는 길이면 소연 씨는 반드시 모 교회를 찾아와 교우들과 안부를 전하며 기도제목을 나누었다고 한다.

과학실험과 우주강연 등 우주선에서 열흘 동안의 임무를 마치고 지구로 귀환하면 제일 먼저 고향으로 달려와 정든 모 교회에서 간증하겠다고 약속한 소연 씨, 머잖아 다가올 그 기쁨의 날을 손꼽아 기다리며 성지교회 교우들은 쉬지 않고 소연 씨를 위해 기도의 제단을 쌓는다.

🔥 4. 이소연과 기자의 대담

- 우주인이 돼서 잘됐다고 느낀 점은 무엇인가?

"우주인 후보 2명으로 나와 고산 씨가 뽑혔을 때 주변 지인들이 공돌이(공학도) 2명이 신문 1면 표지를 장식하는 일도 있다며 축하해 줬다. 공학하는 사람으로서 자부심을 얻었으니 우주인 후보 2명으로 선발되던 날이 가장 보람찬 날이었던 것 같다. 우연찮게 부딪치는 학부형들이 고마워할 때도 있다. 공부를 안 하던 자녀들이 '우주에 가려면 이소연 씨처럼 과학고와 KAIST를 가야 된다.'고 하면 열심히 공부한단다. 공부 자체가 꿈을 이뤄 주지는 않더라도 누군가가 열심히 무언가를 해야 하는 이유를 나를 통해 깨닫는다는 것이 참 벅차다. 같은 말이라도 KAIST 박사보다 우주인을 예로 들어야 어린 친구들이 잘 이해하나 보다."

- KAIST에서 박사 학위도 받았는데 관련 연구를 계속할 생각은 없는지?

"관련 연구는 아니지만 관련 업무는 계속하고 있다. 대학원에서 박사 과정 공부를 할 때 학부생과 함께 생물 수업도 듣고 석사 1년차 일도 새로 배웠다. 석사 때 공부했던 것보다 다양한 분야를 알아야 했기 때문이다. 우주인이 돼서도 마찬가지이다. 우주과학 실험 임무를 하려면 여러 분야를 공부해야 했다. 다행히 박사 학위를 받기 위한 공부를 하며 깊이보다 여러 분야를 파악할 수 있는 시각을 갖게 됐는데 이것이 강점이 됐다. 즉 대학원에서 한 공부가 우주실험으로 연계된 셈이다. 우주인으로서 하는 일도 기존의 일과 연계됐다고 본다.”

- 얼굴 변화 측정 실험을 진행한 조용진 한남대 교수가 우주에 다녀온 뒤 더 예쁘게 바뀌었다고 하던데 본인의 느낌은 어떤지?

“얼굴 전문가가 아니라서 잘은 모르겠지만 공학도의 입장에서 생각했을 때 우주에 다녀온 영향이 1년간 남아 있기는 힘들 것 같다. 키가 1주일 만에 3㎝나 컸다가 돌아온 것을 보면 얼굴도 오래 유지되기는 힘들 것 같다. 하지만 우주에 다녀온 뒤 일정을 따라다니며 체중이 많이 줄었다. 그래서 얼굴이 갸름해졌다고 생각한 것은 아닐까.”

- 지난해 12월 고산 씨가 결혼했는데 본인은 생각 없나?

“이소연은 앞으로 몇 년간 결혼 못 한다는 제약이라도 해 주면 좋겠다. 핑계라도 대려면 말이다. 사실 나에 대해 선입견을 가진 사람이 많아 보이지 않는 제약이 있을 수는 있겠다. 상황이 어려운 것은 사실이다. 사실 외국 우주인 친구들 중에는 대한민국 안에서 찾지 말고 나를 잘 모르는 외국에서 찾으라는 사람도 있다.”

- 공인인 것이 불편한가?

“내가 불편할 것은 예측할 수 있어서 감수했다. 문제는 동생이다. 동생이 언니를 우주인으로 둬서 불편해한다. 동생에게 ‘우주인의 동생’이라는 꼬리표가 달려서 실수를 하더라도 일이 커진다. 너무 미안하게 생각한다. 나보다 주변 사람들이 불편해지는 것이 더 신경 쓰인다.”

─우주인이 된 지 1년이 지났는데 1년 뒤에는 무엇을 할 생각인가?

“항우연과 계약은 1년 뒤에 끝난다. 하지만 계약이 끝났다고 해서 해고당하는 것은 아니다. 단지 2년 동안 사표를 못 쓴다는 의미의 계약이다. 지금으로서는 1년 뒤의 일을 예측할 수 없다. 갑자기 인터뷰하는 오늘의 일처럼 공항에 내리는 2시간 뒤의 일도 예측을 못하는데 1년 뒤를 생각하기 어렵다. 몇 달 사이에 바뀔 수도 있기 때문에 성급하게 결정하지 않을 것이다. 지금은 유연하게 생각하고 있다. 나를 필요로 하는 곳이라면 어디든 고려해 볼 생각이다.”

─국내 우주개발 프로그램의 한 분야를 맡아서 연구할 생각은 없는지?

“이미 한국을 대표해 우주를 다녀왔기 때문에 우주개발에 있어서 평생의 책임과 임무가 부여된 셈이다. 전문가가 아니라서 직접 우주실험을 개발하지는 않겠지만 우주실험에 대해 조언해 주는 컨설턴트의 역할은 할 수 있다. 우주는 지상과 다르기 때문에 우주인이 위험해질 수 있는 실험은 내가 중간에서 조정해 주는 교두보 역할을 할 수 있을 것이다. 또 다른 우주인에게 우주실험을 교육할 때도 우주를 경험한 사람이 쉽게 교육할 수 있을 것이다.”

“우주개발뿐 아니라 우주인과 관련된 일은 계속 돕고 싶다. 우주인끼리는 친밀도가 매우 강하다. 이를 통해 국제 협력에도 이바지를 할 수 있다고 생각한다. 실제로 우주를 다녀온 뒤 국제 협력 분야에서 일하는 사람도 많다. 우주에 다녀온 것으로 끝내지 않고 외국 우주인과 계속 교류하고 국내에서 도울 수 있는 부분은 적극도와 10~20년 뒤 국내외에서 ‘대한민국 최초 우주인을 할 만한 사람'이라고 인정받고 싶다."

　－ 국제우주대회(IAC) 홍보대사로 활약하고 있는데 연구주제 발표 계
　　획은 없나?

"지난해 우주에 다녀온 뒤 외신 기자들의 불평이 많았다. 국내
정보를 얻기 힘들었기 때문이다. 그래서 올해 10월 열리는 IAC에
서는 우주에 다녀온 전반적인 내용을 소개하는 내용을 발표할 예
정이다. 이외에도 우주인으로서 할 수 있는 일은 많다. 지난해 영국
에서 열린 IAC에서는 우주실험대회에서 입상한 친구들의 상장에
참석했던 우주인 5명이 전부 사인을 해 줬다. 우주에 관심이 있는
사람이라면 이런 일에 힘을 받지 않겠나. 우리나라에서 열리는 IAC
에서도 학생들에게 동기 부여를 할 수 있는 기회를 갖고 싶다."

　－ 차기 우주인이 나온다면 누가 될까?

"얼마 전 미국항공우주국(NASA)에서 우주인 후보를 선발했는데
미국 우주인 페기 윗슨도 심사위원으로 참여했다. 그에게서 '누가
우주인에게 적합한가'에 대해 많은 얘기를 들었다. 사실 심각한 병
을 앓고 있는 것이 아니면 3～4년 정도 훈련을 거쳐 누구나 우주인
이 될 수 있다. 중요한 것은 본인의 의지, 냉정한 판단력, 겸손함이
다. 일단 의지가 있어야 힘든 훈련을 완수할 수 있고, 급박한 상황
에서도 냉정하게 판단해 문제를 해결해야 한다. 또 자신이 영웅이
될 수 있을 때에도 지상의 명령을 겸허히 따를 수 있어야 한다."

"이런 정신은 훈련을 통해 길러지기보다 타고나는 것이기 때문
에 우주인 심사에서는 이를 가려내는 것이 중요할 것 같다. 사실
우주인 후보에 지원하는 사람이면 조종사나 박사나 자기 분야에서

거의 최고인 사람이다. 하지만 이미 우주에 다녀온 사람들을 보면
우주인보다 옆집 아저씨 같은 생각이 든다. 오만함이 없기 때문이
다. 영화 속 우주인은 슈퍼맨처럼 능력 있는 사람들이 나오지만
실제 우주인은 만화 '슬램덩크'의 안 감독 캐릭터처럼 푸근한 인상
이다. 아마 차기 우주인도 탄탄한 신체보다는 정신적으로 강인한
사람이 될 것으로 생각된다."

(전동혁 동아사이언스 기자 jermes@donga.com)

인순이(김인순): 가수

4장

멘토(Mentor) 1: 어머니 김양배
멘토(Mentor) 2: 故 김수환 추기경

인순이는 데뷔 후 30년간 끊임없이 활동하면서 한국 최고의 여
가수 중 하나로 여겨지고 있다. 혼혈인이라는 특이한 매력을 가지
고 있다. 인순이는 한국인 어머니와 한국에 주한미군으로 근무하던
흑인 아버지 사이에서 태어났으며 그로 인해 어려움을 겪었다.
1995년 KBS 방송대상 여자 가수상, 2004년과 이듬해에는 연달아
KBS 가요대상 본상을 수상했다. 1997년 국민훈장 목련장을 받기
도 했으며, 2006년 여성신문사 주최로 열린 '미래의 여성 지도자
상'을 수상했다.

1. 인순이 프로필

출생: 1957년 4월 5일

학력: 청산중학교

데뷔: 1978년 희자매

수상: 2007년 Mnet KM 뮤직 페스티벌 MKMF헌정상

경력: 2007년 6월 저작권 홍보대사
2007년 3월 경기도 홍보대사

2. 멘토(Mentor) 1: 어머니 김양배

가수 인순이가 모친상(김양배, 74세, 2005. 9. 4)을 당했다. 혼자 몸으로 혼혈아를 당당히 길러 낸 어머니이기에 주위의 안타까움은 더했다. 어머니의 임종 소식을 듣고도 팬들과의 약속을 지키기 위해 끝까지 무대에서 노래를 불렀던 인순이가 털어놓는 특별한 어머니 이야기.

고인은 인순이에게 어머니이자 아버지 같은 존재였다. 세상의 편견에 힘들어 하는 어린 딸에게 당당히 맞서 싸우라고 가르쳐 준 사람도 어머니였고, 언제나 당당한 모습으로 자식들을 이끌어 준 것도 어머니이다.

남편 없이 혼자 몸으로 두 딸을 훌륭히 키워 낸 고 김양배 씨. 혼자서 어린 딸을 키우기 위해 누구보다도 강해야 했던 그녀지만, 끝내 병마를 이기지 못하고 사랑하는 딸들 곁을 떠나고 말았다. 어머니의 영정을 바라보며 인순이는 자신과 동생을 버리지 않고 키워 준 어머니의 은혜에 대해 이야기했다.

"어머니는 굉장히 여성스러우셨지만 누구보다 강한 분이었어요. 저와 동생을 키우기 위해 많은 것들을 포기하고 감수하셨죠. 당시 사회 분위기는 아무리 피붙이라 해도 저와 제 동생을 여자 혼자서 키우기는 힘든 상황이었어요. 제가 가정을 꾸리고 딸을 얻고 나서야 비로소 어머니가 우리를 키운다는 게 얼마나 힘든 일이었는지 깨달았죠. 그때는 저와 동생을 버리는 게 당연한 시대였어요. 하지만 어머니는 누구의 도움도 없이 우리를 보듬어 주셨죠."

평생을 외롭게 산 탓인지 고인은 집에 사람들이 북적거리는 걸 좋아했다고 한다. 집에 손님이 찾아오는 날이면 음식을 만들어 접대하기를 즐겼으며, 몸이 아프기 전에는 직접 된장과 고추장을 담가 딸들에게 나눠 줬다. 인순이는 특히 어머니가 해 준 고구마순 김치를 좋아한다며 또다시 눈시울을 붉혔다.

마지막까지 딸에게 손수 음식을 만들어 주시던 어머니는 인순이의 가장 열렬한 팬이자 든든한 후원자였다. TV에서 노래를 부르는 딸의 모습을 빼놓지 않고 시청했으며, 사람들이 인순이의 이름을 말할 때마다 '내 딸'이라고 자랑스럽게 얘기했다. 자신이 처한 상황을 원망하기보다는 당당히 맞서 이겨 나가는 딸의 모습을 항상 기특해했다.

인순이의 남편 박경배 씨는 아내의 당당함은 장모에게서 배운 것이라고 말했다.

"장모님은 아내를 무척이나 아끼셨어요. 딸이 자랑스럽다는 이야기를 입버릇처럼 하셨죠. 아내가 TV에 나오는 날이면 만사 제쳐두고 TV 앞에 앉아 계셨어요. 또 사람들이 아내 얘기를 할 때면

'내 딸'이라며 자랑스럽게 말씀하셨어요. 그러면서도 집안의 가장 큰 어른으로서 중심을 잡고 저희들을 이끌어 주셨죠. 어려서부터 그런 장모님을 보고 자란 아내 역시 어떤 상황에서도 절대로 포기 하거나 좌절하는 법이 없어요. 모두 장모님 덕분이죠. 이제 그 빈 자리를 맏사위인 제가 메워야 할 텐데 벌써부터 걱정이 되네요."

하나뿐인 여동생 김미진 씨는 "어머니가 생전에 자식들의 일이 라면 몸을 아끼지 않았다."고 한다. 특히 어머니에게 "큰딸 인순이 는 보석 같은 존재였다."고 말했다. "이렇게 많은 분들이 저희 어 머니 마지막 가시는 길에 와 주신 건 다 언니 덕분이라고 생각해 요. 저도 앞으로 언니를 도와 어려운 사람들을 위해 작은 힘이나 마 보태겠습니다."

3. 멘토(Mentor) 2: 김수환 추기경

지난 16일 선종한 김수환 추기경과 가수 인순이가 각별한 인연 을 가졌던 것으로 밝혀져 눈길을 끈다. 인순이는 지난 17일 서울 명동성당에 마련된 빈소를 찾아 눈물을 흘리며 애도했다. 김 추기 경은 생전에 인순이를 세례명인 '세실리아'로 부르며 딸처럼 여겼 고, 인순이는 명절 때 김 추기경에 세배를 가기도 했다.

1990년대 후반 김 추기경을 가까이 모신 최성우 신부는 "김 추기 경이 가장 인기 있는 예쁜 여배우는 기억하지 못하셔도 인순이 씨 가 살아왔던 삶의 아픔에 대해서만큼은 남다른 애정을 가지고 계셨 다."고 전했다. 김 추기경은 유독 연예인의 이름을 기억 못 해 조용

필과 조영남도 구분하지 못했지만 인순이만은 예외였다는 것이다.

인순이는 19일 평화방송라디오 '열린 세상 오늘, 이석우입니다'에 출연, "1993년쯤 결혼하기 전에 방송토크쇼에서 '저, 궁합 봤어요. 신부님 죄송합니다'라는 얘기를 했다."며 "당시에는 연예인들이 종교에 대해 잘 얘기를 하지 않던 때였는데 김 추기경이 그것을 보셨는지 '그렇게 종교에 대해 얘기할 수 있어 보기 좋았다'고 말씀하셨다."고 말했다.

인순이는 '김 추기경이 딸처럼 생각했다'는 것에 대해 "오히려 나는 소문으로 그렇게 많이 들었다."며 "공식석상에서도 뵈면 저에게 잘해 주시고 따뜻하게 말씀해 주셔서 '다른 분들에게도 이렇게 잘해 주시겠지'라고 생각했는데 많은 신부님들을 통해서 저한테 관심이 참 많으셨다고 전해 들었다."고 말했다.

인순이는 "우연치 않게도 공식적인 장소에서 여러 번 만났고, 설에 가서 세배하고 세뱃돈도 받았다."며 "그래서 아마 저를 더 많이 기억하시고 저도 또한 많이 의지했던 것 같다."고 했다.

인순이는 "개신교에서는 하나님이라고 부르고 가톨릭에서는 하느님이라고 부르는데 제가 너무 몰라서 처음으로 성가음반을 냈을 때 한 음반에서 하나님으로도 부르고 하느님으로도 불렀다."며 "그래서 제가 추기경님께 '하나님과 하느님의 차이가 도대체 뭐기에 이렇게 구분해서 음악을 틀까요?'라고 했더니 '글쎄 나도 모르겠는데 나도 하나님이라고 그러는 것 같은데'라고 하셨다. 그래서 마음의 차이는 있을지 몰라도 하느님이나 하나님이나 한 분이라는 것을 배우게 됐다."고 말했다.

인순이는 "김 추기경이 나에게 '예쁘게 사는 모습이 예쁘다. 그리고 예쁘게 살고 항상 남을 한 번 더 먼저 생각하라.'고 말씀하셨다는 말이 기억난다."며 "오히려 작은 부분에, 소외된 쪽에 많이 관심을 가져 주시는 것이 저희는 정말 너무 닮고 싶은 모습이었다."고 회고했다.

인순이 또한 이날 오후 김 추기경의 시신이 안치된 서울 명동성당을 찾아 뜨거운 눈물을 흘렸다. 인순이는 "김 추기경님께 새해마다 세뱃돈을 받으러 가곤 했는데 너무 슬프다."며 가슴 아파했다.

김태희와 인순이는 평소 독실한 천주교 신자로 신앙심이 깊은 연예인으로 유명하다. 두 사람은 이어 "추기경님께서 부디 영원한 안식을 받으시길 기도드린다."고 덧붙였다.

4. 인순이 Story
MBC 데뷔 30년 인터뷰(2008. 12. 21)

Q. 데뷔 30년?

=징그럽단 생각, 기술보다는 마음이 통해야 하는 직업이니까 보이지 않는 마음을 생각하며 30년 왔다는 건 내가 봐도 열심히 했구나.

Q. 노래가 파워풀하다. 비결은?

=패션이나 여자다움도 지기 싫다는 생각이 절실하다. 사실 무대에서 내가 오버하는 것 아닌가 하는 생각도 하고 점검하고 있다. 후배들이 눈치 못 채고 관객도 눈치 못 채게 점검해야지 지기 싫어 오버하는 것 아냐 하면 작전상 실패 아니냐. 두 번째는 살아남

기 위해 그동안 처절하지 않았을까. 팬들의 마음을 놓치지 않기 위해 댄스도 하고 발라드도 하고 트로트도 하고 재즈 공부도 하고 뮤지컬도 하고 우리 창도 해 보고…… 나름……

Q. 프로정신?

= 프로정신은 거창한 거 같고 살아남겠다고 생각하였다. 오랫동안 살아남으려고 쉬지 않고 노력했다. 특히 여자 가수니까 무대에서 열심히 하고…… 때론 선정적이고 악악대기도 하고…… 난 가수로 그런 사람이다. 어느 날 너무 좋게 포장이 되는 바람에 너무 힘든 것 같다. 팬들이 너무 화초처럼 대해 주니까…… 찬바람 맞아야 하는데…… 시행착오도 하고 천방지축처럼 행동하고 그래야 하는데…… 어깨가 너무 무겁다.

Q. '인순이 언니'인가?

= 우선 인순이란 이름이 주는 포근함, 편안함, 된장찌개 같은 한국적 이름. 인순이, 순옥이, 순자, 세련된 것보다 내 이름 가지고 가는 게 좀 더 가까이 갈 수 있지 않을까.

Q. '희자매' 댄스 가수에서 솔로로? 춤추며 노래하기가 쉽지 않았을 텐데 성공비결은?

= 댄스 가수는 생명력이 길지 않다. 나이가 있으면서 댄스 가수 하는 건 언밸런스하다. 그걸 안 보이게 하기 위해 춤이나 노래로 끌고 가야지 숨차서 헉헉대면…… 이제 그만 하지 소리 듣지 않으려고…… 댄스곡이 있으면 뛰면서 연습……

Q. 후배 가수 중 경쟁상대는?

= 전체가 다…… 내가 못 갖고 있는 걸 그 친구들은 하나씩 다 갖고 있다. 어느 날 음반을 사서 공부한다. r&b 똑같이 꺾어 보기도 하고…… 후배들도 스승이 될 수 있는 것 같다.

Q. 펄벅재단 일 돕고 계시죠?

= 나도 어릴 때 학비 받아서 공부했다. 고민상담도 하고 미국 입양 길도 열어 주고……

그때 내가 받은 걸 돌려줘야겠다고 생각했다. 날 필요로 할 때는 지금도 나간다. 아무리 위로를 해도 위로로 다가오지 않을 때가 있다. 소수의 지체자…… 뭔가 다른 사람들은 같은 사람들은 잘 통해도 아닌 사람과는 안 통할 때가 있다.

아이들을 대신해도 내가 아파 본 경험으로 이야기하고 이거 해 주세요, 빼 주세요 등 대표로 이야기…… 애들 만나면 150% 해 봐. 80%는 인정받을 걸. 그래도 너희들은 살 만해. 우리 땐 더 심했어. 그래도 이렇게 됐잖아……

Q. 다문화가정에 대해 얘기해 보자. 국제화…… 한국 땅에만 살면 자랑스러운 국민이라는데 그럼에도 불구하고 다문화 혼혈에 대해 아직까지 고쳐야 할 점 있다?

= 내가 합리화시키려고 너무 많은 생각했는지 몰라도 외국 나가도 차별 다 있다.

나는 엔터테이너다. 어떤 거라도 돋보이면 된다. 어느 팀에 있어도 제일 돋보이는데…… 이것도 내 장점 아닌가? 꼭 단점이라 생각할 필요 있을까? 단점을 장점을 만드는 것도 좋은 거 아닌가?

내 위주로 생각한 건데……

Q. 안티 팬 없죠?

＝슬럼프가 7～8년. 지금으로 치면 무플. 아무도 관심 없었다. 그것보다는 한마디 붙는 게 낫다. 관심 있는 거니까. 관심 없으면 쳐다도 안 보시겠지.

Q. 거위의 꿈, 가사가 맞아서인가? 특별히 애창하는 이유가?

＝'인순이는 전설이다' 30주년 (콘서트) 미리 준비하면서. 마이 웨이 부르기엔 어리고…… 얼핏 '그래요 난 꿈이 있어요' 한 소절만 생각나더라. 그래서 온 노래방 기기 다 뒤지고 찾았다. (그룹) '카니발'에 있더라.

확인하다 보니 가사가 너무 좋았다. 이 노래는 남을 위해 부른 게 아니다. 사실은 내 노래로…… 그 꿈을 갖고 있고 놓지 않고 있었고 인생의 뒤쪽에서 해냈습니다. 끝까지 살아남은 이 모습 박수 쳐 주세요라고 하고 싶었다. 그런 가사더라. 연습하면서 사실 울었다. 연습하면서…… 솔직히 그런 반응 오리라 생각 못 했다. 너무나 폭발적 반응이 왔다. 거위의 꿈이 원더걸스와 1위 후보. 원더걸스를 이긴 원더우먼.

5년 됐는데 5년 동안 끊임없이 점점 더 좋아하시더라.

Q. '베토벤 바이러스' 중 클래식 지휘자가 (거위의 꿈) 이것도 명품 이다 했는데, 대중음악과 클래식의 경계선이 어디냐?

＝저도 잘 모르겠어요. 외국은 오케스트라가 팝 연주하는 경우가 많다. 언제 한 번 제가 여쭤 보고 답 해드리겠습니다.

Q. 20대 때 꿈이 뭐였나?

=오랫동안 살아남자. 연예계에서 오랫동안 살아남자가 꿈……
게다가 사랑까지 받으면서. 이러고 있는 건 꿈을 이루고도 넘치는
것 같다. 우리가 해낸 걸 보면 못 할 건 없다. 힘든 걸 힘들다 생
각하지 말고 잠깐 오는 시련이라고 생각하면 이길 수 있을 것이다.
인생을 살면서 돌부리에 채이고 눈도 맞고 비도 맞는 거라고 생각
하면서……

Q. 지금 나이에 힘들지 않나?
=어느 순간 내가 뛰어다니고 있다.

멘토(Mentor): 마리카 베소브라소바 교장

1975년 9살 때 발레를 시작하여 전형적인 '서양 예술'인 발레 분야에서 동양인이라는 핸디캡을 가진 강수진이 이만큼 성공하기까지 얼마나 많은 시련이 있었을까? 1982년 15세의 나이로 모나코 왕립 발레학교에 유학한 후 지금껏 강수진의 삶은 시련과 극복, 도전과 성공의 연속이었다.

한국의 발레리나로 동양인 최초로 독일 슈투트가르트 발레단에 입단하여 솔리스트로 선발된 후 수석 발레리나로 활동하고 있다. 1999년 무용계의 아카데미상인 '브누아 드 라 당스(Benois de la Danse)'의 최고 여성무용수로 선정되었다.

출생: 1967년 4월 24일(서울특별시)

소속: 슈투트가르트발레단(수석발레리나)

학력: 왕립발레학교

데뷔: 1986년 슈투트가르트 발레단 입단

수상: 2001년 호암상 예술상
2007년 존 크랭코상

경력: 2007년 3월 독일 캄머 탠처린(궁중무용가) 선정

2. 멘토(Mentor)를 만난 강수진

발레리나 강수진은 1967년 4월 24일 서울에서 태어났다. 처음 한국무용을 시작해서 우연한 기회에 발레로 전과를 했던 선화예중 시절, 당시 방한한 모나코 왕립 발레학교 교장은 강수진을 '10만 명 중에 한 명 있을 만한 재목'이라고 칭찬했다. 그 후 고등학교를 진학하던 해에 그녀는 모나코 왕립 발레학교로 유학을 갔다. 멋모르고 시작한 4년간의 힘든 유학생활, 처음에는 모두 나보다 월등히 실력이 뛰어나고, 말도 안 통해 혼자 지내며 경쟁하려고 하니 눈앞이 캄캄했다. 일주일 후에 집에 가겠다는 말을 하려고 울면서 교장실에 들어선 나를 말없이 안아 주었다. 교장의 따뜻한 위로는 외로움을 견디는 데 힘이 되었다.

그 일 이후 어리고 내성적인 소녀의 적응력은 엄청나게 강했다. "베소브라소바 교장은 저를 딸처럼 생각했어요. 그분 집에서 재우고 공연장이든 어디든 저에게 도움이 되는 곳에는 꼭 데리고 가셨죠." 각별한 사랑이었다. 강수진 이후 한국 학생들의 모나코 왕립 학교 유학이 이어지지 않는 이유도 그 때문이다. 그만큼 교장 선생님은 '있는 사랑'을 몽땅 그에게 주어 버렸다. 요즘도 80세의 나이에도 아랑곳하지 않고 강수진의 유럽공연에는 꼭 모습을 드러낸다. 그리고 1985년 스위스 로잔 국제콩쿠르에서 동양인 최초로 그랑프리를 차지했다.

3. 세계 톱 발레리나 강수진

한국에서 태어나 지중해 연안의 프랑스어권 나라인 모나코로 유학했고, 독일 슈투트가르트 발레단에서 프리마 발레리나로 활동 중인 세계 톱 발레리나 강수진(姜秀珍) 씨, 한국어·영어·프랑스어·독일어에 능통하며 전 세계 주요 무대로 공연을 다니는 자유인 강수진 씨가 머무르고 싶은 나라의 조건은 무엇이고, 구체적으로 어디일까?

발레리나 강수진, 그녀는 글을 통해 이해하기 힘든 대상이다. 몇 장의 2차 평면적 발레 사진으로도 평가는 불가능하다. 강수진의 세계적 카리스마를 이해하기 위해서는 3차원의 무대 공간과 그 공간을 지속시키는 시간이라는 전제 조건이 절대적이다. 살아 숨 쉬는 시공의 세계에서만 발레리나 강수진은 존재하는 것이다.

강수진 씨는 1999년 4월 29일 영화에 있어서의 아카데미 여우주연상에 해당하는 '1999 브누아 드 라 당스' 베스트 댄서상을 수상함으로써 세계 발레계 정상의 자리에 우뚝 섰다. 동양인으로 서양인들이 구축해 놓은 문화 체계인 발레계의 여왕에 등극한 것이다.

강수진의 발레를 보는 순간, 사람들은 눈과 마음을 상할 수도 있다. 지나칠 정도로 아름답게 빛나기 때문이다. 파우스트 박사도 그녀의 발레를 보면 "멈추어라, 이 순간이여"를 외칠 것 같은 분위기이다.

1999년 9월 4일 부산 문예회관 대강당, '1999 한국을 빛낸 발레 스타' 공연에서 강수진 씨는 파트너인 로버트 튜슬리와 마지막 피날레 무대에 섰다. 문화관광부가 1억 2,000만 원의 예산으로 강수진 씨 등 전 세계에서 활동하는 한국 무용인들을 초청함으로써 이번 공연이 성사될 수 있었다.

이날 강수진 씨의 공연 작품은 바로 자신에게 베스트 댄서상을 안겨 준 '카멜리아 레이디', 베르디 오페라 '춘희'와 스토리가 같다. 함부르크 발레단 예술 감독인 안무가 존 노이마이어가 모두 쇼팽 음악에 맞춰 모던 발레로 새로 창작한 작품이다. 3시간 반이 걸리는 대작이지만 이날은 하이라이트인 3막 마지막 주인공 마르게리트(오페라에서는 비올레타)가 죽어 가는 장면만 공연됐다.

강수진 씨는 무대 뒤에서부터 주인공 춘희처럼 이미 죽어 가기 시작했다. 2부가 시작되면서 바로 분장실을 나와 30분 이상을 무대 뒤에서 순서를 기다리고 있었지만 그녀는 아무 말 없이 그림자처럼 서 있었다. 간간이 발을 올리거나 허리를 굽혀 몸을 풀었다. 무대에 나가기 직전 토슈즈에 송진 가루를 '탁탁탁' 세 번 찍어 발랐다. 삼세번이 행운을 가져온다고 믿고 언제부턴가 그래 왔다.

드디어 결전의 순간, 암흑 속에 쇼팽 '발라드 1번'이 슬프게 시작되자 강수진 씨는 검은 베일을 쓴 얼굴에 검은 망토를 입고 석고상처럼 섰다. 사랑하는 애인 아르망드가 다가오자 마르게리트는 갑자기 뒤로 쓰러졌다. 순간 아르망드가 달려와 그녀를 안았다. 폐병에 걸린 마르게리트에게 최후의 순간이 다가오고 있음을 예고했다. 아르망드는 거칠게 마르게리트의 망토를 벗기고 격렬한 키스와 사랑의 몸짓을 시작했다.

관객들은 숨을 죽이며 두 사람의 행위를 주목했다. 그것은 미국 라스베이거스 쇼와 같은 세속적 무대에서 묘사되는 것과는 차원을 달리하는 것이었다. 아름답다기보다 오히려 극도의 절제미 속에 전율까지 느껴지는 예술의 극치였다. 마르게리트는 아르망드의 억센 팔에 들려져 허공 위를 돌다가 결국 아르망드의 가슴 위에 쓰러져 최후를 맞는다. 1,500여 관객들은 비명에 가까운 환호성을 울리며 열광했다.

4. 강수진의 예술관

"똑같은 것은 예술이 될 수 없습니다. 요즘 교육 시스템이 좋기 때문에 학생들이 테크닉은 너무나 잘 배웁니다. 하지만 그 기초 위에 자기만의 세계를 만들었을 때 비로소 예술이 되죠. 사람들은 현란하게 빠르게 도는 무용수에 박수를 보냅니다. 그러나 그가 5분간 계속 빠르게 움직이기만 한다면 이미 더 이상 감동하지 않습니다. 문제는 독창성이죠." 그래서 그녀는 대본을 읽고 또 읽는다. 배경음악은 귀로 듣기보다는 몸으로, 세포로, 영혼으로 들으려 노력한다.

"다른 사람의 춤을 보면 그가 어떻게 음악을 받아들이고 있는지가 보입니다. 사람마다 음악에 대한 감수성과 이해도가 다르죠. 저는 브람스를 좋아합니다. 지난 5년간 한두 번 정도 나이트클럽에 가 본 적이 있는데 전혀 제 취향이 아니었습니다. 특히 요즘의 테크노 음악을 싫어합니다.” 그래서인지 그녀의 언니와 동생은 대학에서 모두 고전 음악(하프)을 전공했다. 언니 여진 씨는 서울 음대를 졸업하고 부천 시립 교향악단 하피스트로 활약 중이고, 둘째 동생 혜진 씨는 독일 프랑크푸르트 음대를 마치고 현재 카를스루 대학에서 하프를 가르치고 있다. 예술가 미녀 삼총사의 외할아버지는 ‘서울의 툴루즈 – 로트렉’으로 불린 고 구본웅 화백이다.

5. 강수진에 대한 평가

문훈숙 씨(유니버설 발레단장)는 “강수진 씨는 음악적 감수성이 뛰어난 발레리나이다. 단순히 음악의 박자를 맞추는 것과 음악을 아는 것은 다른 것이다. 그녀는 음악을 알고 음악 속의 무엇을 끄집어내는 능력이 있는 연기자이다.”라고 평했다.

로버트 튜슬리(강수진 씨의 슈투트가르트 발레단 파트너)는 “강수진 씨는 열정적이다. 그녀는 내가 지금까지 만났던 어떤 파트너보다 완벽하다.”라고 말했다.

장광렬 씨(무용 평론가)는 “강수진 씨는 에로틱하고 섹슈얼하다. 무대 위의 감수성이 뛰어나다. 그녀가 세계 무용계에서 막강한 자금력으로 맹위를 떨치는 일본 무용수들을 꺾은 것도 기분 좋다. 강수진 씨는 한국이 자랑할 수 있는 세계적 문화 상품이다.”라고 평했다. 강수진 씨의 아버지 강재수(姜宰洙, 인쇄업) 씨는 "딸이 그저 아프지 않고 건강하게 지내 주기만을 바랄 뿐"이라고 밝혔다.

6. 강수진과 미래

강수진 씨는 현재로는 발레와 양립이 어려워 유보하고 있지만 자신의 표현대로 '행운이 따른다'면 곧 가정도 가질 계획이다. 그녀가 찾는 사람은 일단 동양인이다. "저는 금발에서는 남성적 매력을 못 느낍니다. 시각적으로 갈색 머리에서 따뜻함을 느끼죠. 특별한 이상형은 없습니다. 한 인간을 이해해 줄 수 있고 함께 얘기할 수 있는 수준이면 좋겠죠."

강수진 씨는 현재 세계 정상에 서 있다. 하지만 그녀도 나이와 함께 언젠가는 정상에서 내려와야 하는 시기가 온다. "산다는 것은 다 똑같습니다. 올라갈 때가 있으면 내려올 때가 있죠. 사는 것은 움직이는 것입니다. 단지 내 생애에 한 번이라도 정상을 밟았다는 것은 커다란 행운입니다." 강수진 씨는 은퇴 후에 당연히 한국에 와야 할 것으로 알고 있다. "은퇴를 해야 하는 순간이 오면 슬프겠죠. 하지만 저는 하고 싶은 것을 다 해 보고 최고(maximum)까지가 보았으니 슬퍼할 자격이 없을지 몰라요. 누구나 은퇴는 하는 것이죠. 중요한 것은 무엇을 하든 최선을 다할 것이기 때문에 미래에 대한 걱정은 없습니다."

Part

04

여성인력개발 이야기 (Story-2

멘토링이란 기존선배들과 경영진들이 재능을 개발시켜 주고, 기회를 주며, 임원직에 문을 개방해 자신들의 가치가 평가받고 있다고 느끼게 해 주는 일이다. 적합한 근무 환경을 만들어 주는 것은 기본이다. 고정된 사무실에서 근무하는 시대는 가고 있다. 일주일에 한 번이라도 재택 근무할 수 있는 환경을 만들어 주거나 직장에 아이들을 데려와 보육할 수 있는 환경도 중요하다.

1 Working Woman Best-8

1) 윤경희(삼성SDS 개발팀장)

2) 공은주(한샘의 신입사원)

3) 박미정(KTF 차장)

4) 송혜자(우암닷컴 사장)

5) 김미정(국제특허법률사무소 변리사)

6) 박세리/박혜은(노동부부천지청)

7) 장정윤(서울대 소비자학과에 재학 중)

8) 설보연(서울사범대 불어교육과 4학년, 멘토 경력 3년)

2. Wise여성과학자 Best-5

1) 이혜숙 이대교수/코넬대 정수연 학생 멘토링

2) 최소희 부광약품 부팀장과 성균관대 강희원 학생 멘토링

3) 신라대 고현숙 교수와 의정부여고 최은주 학생 멘토링

4) 한정훈 박사 국가핵융합연구소 그룹장과 건국대 박주현 학생

5) WISE 거점센터 소장인 이화여대 이혜숙 교수

1장

1. 윤경희(삼성SDS 개발팀장)

"직장생활 고충, 선후배가 함께 풀어요."

"요즘 커리어우먼은 가정과 직장일, 두 가지 모두를 완벽하게 해내고 싶어 하지요. 멘제와 주고받는 대화의 상당부분도 가정과 직장의 조화에 관한 겁니다. 고비마다 서로 의논하면서 더 좋은 해결책을 이끌어 내곤 해요."

삼성 SDS에서 교육컨텐츠개발업무를 총괄하고 있는 윤경희 팀장(46)은 다른 부서 과장급 후배 여사원 1명과 멘토·멘제 관계를 맺고 있다. 삼성SDS가 지난해 7월부터 사내 여성사이트 'SDSWomen.com'을 기반으로 사이버 멘토링을 시작하자 기꺼이 멘토로 참여하여, '특별한 관계'의 주인공이 됐다. 7,000여 명 직원 가운데 10명에 불과한 여성 부장인 만큼 후배를 도와주고 이끄는 역할을 자임한 것이다.

"처음에는 나의 멘제가 누구인지 전혀 몰랐어요. 그도 그럴 것이 인사팀에서 서로를 연결해 줄 때 역할만 알려 줬고, 주로 인터넷 대화방에서 익명의 만남을 가졌으니까요. 하지만 시간이 지나면서 대화내용, 고민의 특징 등을 통해 누구인지 짐작을 했죠. 지난 2월, 7개월 만에 처음으로 오프라인에서 만났을 때 서로가 짐작한 사람이 딱 맞아 둘 다 크게 웃었습니다."

윤 팀장은 자신의 역할에 대해 '이야기를 들어 주거나 경험을 이야기해 주는 사람'이라고 했다. 까마득히 후배라고 해서 무언가 가르치거나 의견을 앞세워서는 안 된다는 것, '어떤 고민이든 해결은 스스로 해야 하므로 좋은 해법을 찾을 수 있도록 옆에서 도와 줄 뿐'이라는 설명이다.

어느 날 멘제가 직장일과 가정사가 겹쳐 어떤 일을 먼저 처리할지 우왕좌왕하고 있었다. "파트장에게 털어놓고 도움을 청하는 게 옳을까?"라며 상담을 요청했다. 이에 대해 윤 팀장은 "일의 우선순위부터 세우고 평소에 직무 위험관리를 하라."고 조언했다. 하라, 하지 마라가 아니라 어떤 관점에서 일을 풀 것인지를 말해 준 것이다. 그는 "후배와의 교류를 통해 스스로를 돌아보기도 한다."며, "나도 든든한 멘토가 있었으면 좋겠다."고 말했다.

윤 팀장은 입사 12년차로 삼성 SDS 여성인력 가운데 최고참급이다. 그는 "전체 직원 가운데 여성인력은 16% 정도에 불과하다."며 "남성 위주 조직에서 힘겨워하는 이가 있다면 멘토링으로 풀어 볼 만하다."고 권했다. "멘토링의 미덕은 긍정적 마인드로 조직 생활을 할 수 있도록 서로에게 정신적인 지원군을 만들어 주는 것"

이란 게 윤 팀장의 생각이다.

2. 공은주(한샘의 신입사원)

가구업체 한샘의 신입사원 공은주 씨는 입사 직후 선배 김지영 대리에게 멘토 교육을 받은 덕분에 회사에 빨리 적응할 수 있었다고 한다. 키친바흐 개발팀에 배치된 공 씨는 "멘토 선배에게 조직 특성과 업무방식, 가구업계 트렌드 등 많은 것을 배웠다."며 "잘 챙겨 주는 친한 선배가 생기니 회사에 대한 애착이 생겼다."고 말했다. 김 대리는 "처음에 후배 멘제가 생겨 많이 부담됐지만 다양한 활동을 함께하면서 스스로 회사생활을 돌아보는 계기가 됐다."고 밝혔다.

한샘은 지난해 하반기 채용한 신입사원 24명을 포함해 선후배 사원을 일대일로 맞는 멘토 교육을 하고 있다. 회사 측은 양 방향 인재육성 방법인 멘토링 제도를 조직 융화와 업무효율성 제고, 애사심을 높이는 데 활용하고 있다. 김해진 인력개발팀장은 "멘토링 프로그램은 멘제들의 전문지식과 업무 적응력을 높일 뿐만 아니라 멘토가 리더십을 키우는 계기도 된다."며 "인간적인 유대감을 쌓을 수 있어 바람직한 기업문화 형성에도 효과가 있다."고 설명했다.

3. 박미정(KTF 차장)

직장생활 11년차인 박미정 KTF 차장은 이제 관리자로서 능력을 키워야 할 시점이다. 하지만 남자 후배들을 이끌면서 업무를 주도하는 일이 쉽지만은 않다. 주변에 여성 팀장도 없던 터라 마땅히 벤치마킹할 역할모델도 없다. 고심 끝에 올해 초 이화여대 리더십개발원에 입학한 그는 송영희 LG생활건강 상무를 만나 멘토 관계를 맺게 됐다.

박 차장은 여성 리더로 활약하고 있는 송 상무의 다양한 직장생활 경험을 듣고 난 후 많은 것을 배우게 됐다. 특히 동료를 설득하는 방법과 효율적인 업무처리 등에 관해 많은 조언을 받았다. 박 차장은 "여자들은 빠른 결과를 원하기 때문에 회의시간에 다소 공격적이고 삭막한 분위기를 연출한다는 송 상무 지적이 마음에 와 닿았다."며 "회의에서 의견이 관철되지 않아도 꾸준한 유대관계를 만들면서 의견을 관철시켜야 한다고 충고해 줬다."고 설명했다. 두 사람은 자주 만나지는 못해도 이메일을 주고받으며 멘토 인연을 이어 가고 있다.

최은경 이화여대 리더십개발원 팀장은 "여성 리더가 되려면 본보기가 될 수 있는 멘토를 찾아야 한다."며 "훌륭한 멘토를 찾는다면 절반은 성공한 것이나 다름없다."고 강조했다.

4. 송혜자(우암닷컴 사장)

송혜자 우암닷컴 사장은 에너지 관련 소프트웨어를 개발할 때 서사현 중소기업유통센터 사장에게 자문을 하였었다. 한전정보네트워크 사장을 역임한 서 사장은 자타가 공인하는 에너지 전문가이다. 그는 송 사장에게 조언을 해 주며 8년간 멘토 역을 하고 있다.

우암닷컴이 개발한 전력수요예측 시스템(ENFOS)도 서 사장에게 기술자문을 한 덕분에 훨씬 수월하게 개발할 수 있었다. 송 사장은 "8년 전 지인 소개로 만나 한 달에 2~3번 통화하며 조언을 얻고 있다."며 "서 사장님 도움이 없었더라면 에너지 분야에 쉽게 뛰어들지 못했을 것"이라고 말했다. 이경호 영림목재 대표는 최병훈 홍익대 목조형 가구학과 교수와 15년간 멘토 인연을 맺고 있다. 최 교수는 이 대표의 원목서재가구 'e－라이브러리' 사업과 관련해 디자인 조언을 아끼지 않았다.

특히 그가 제안한 스칸디나비아산 자작나무와 북미 단풍나무를 활용해 제작한 테이블과 의자는 히트상품이 됐다. 이 대표는 "독특한 흰색 재질 나무로 만들어 소비자들 반응이 좋았다."며 "다양한 가구의 기본 구조에서 기술 정보, 수종과 철물 선택까지 최 교수에게 자문을 하고 있다."고 설명했다.

🌰 5. 김미정(국제특허법률사무소 변리사)

이화여대 화학과 출신인 김미정 안소영국제특허법률사무소 변리사는 모교 후배 유세라 씨(화학과 2학년)를 매달 한 번씩 만나 취업상담을 해 준다. 변리사 시험을 준비하는 유 씨는 김 씨의 조언으로 영어와 일본어 공부 비중을 높이고 있다. 특허 관련 기술자료 대부분이 영어와 일본어로 작성돼 있기 때문이다. 김 씨는 "힘들게 시험공부를 하던 때를 생각해 같은 길을 걷고 있는 후배에게 조금이나마 도움을 주고 싶어 멘토를 자청했다.”고 말했다.

두 사람은 과학기술 분야의 여성 선후배를 이어 주는 가교 역할을 하고 있는 이화여대 와이즈 멘토링을 통해 만나게 되었다. 2001년도 도입된 와이즈는 이공학을 전공하는 여대생들의 사회 진출을 돕기 위해 전문가나 선배(멘토)를 소개하고 계속 교류할 수 있도록 온라인 커뮤니티를 운영하고 있다.

6. 박세리/박혜은(노동부 부천지청)

이번 개별 활동 시간에는 센터의 김은아 쌤, 윤주이 커플과 함께 영화 캐리비안의 해적 - 망자의 함을 보러 갔어요. 비록 1탄의 내용이 기억이 안 나 답답한 면도 있었지만 좋은 사람들과 함께해서 그런지 영화가 참 재미났습니다.

첨엔 약간 부담스럽던 멘토링 데이가 이젠 기다려지기도 하고……

멘제 혜은이와 함께하는 시간이 즐겁기고 하고……

그동안의 스트레스가 확 풀리는 듯한 느낌이었어요. ^ ^

이번 주엔 은아쌤 - 주이 커플과 함께해서 더욱 유쾌했고요.

영화 끝나고 활동일지용으로 꼭 찍어야 된다고 우겨서 겨우 찍은 사진……

(안 찍어 오면 은경 쌤한테 혼나요. ㅋ)

멘토링 덕분에 힘든 것도 많지만 그만큼 추억도 많아지는 것 같아요.

벌써부터 멘토링 프로젝트가 끝나면 아쉬울 것 같단 생각이 듭니다.

7. 장정윤(서울대 소비자학과에 재학 중)

서울대 소비자학과에 재학 중인 장정윤 씨는 기초생활 수급자 자녀에게 공부를 가르치는 멘토 활동을 하고 있다. 그는 "처음보다 조금씩 나아지는 멘제 모습을 발견할 때마다 보람을 느낀다."며 "공부를 가르치고 고민도 상담하면서 친동생처럼 가까워졌다."고 말했다.

서울대는 교육부 시범사업으로 지난 4월부터 소외계층 학생 학습을 지도/상담해 주는 대학생 멘토링 제도를 운영하고 있다. 재학생 300명이 참가해 관악구와 동작구에 거주하는 기초생활수급자 및 특수교육대상자 초중고교생 1,000명에게 기초학습 지도, 보호/상담, 인성지도, 체험활동 지원 등 교육봉사 활동을 해 오고 있다. 멘토로 활동하는 서울대생들은 교육실습이나 사회봉사 과목 학점을 인정받게 되며 교통비, 식비, 영화/연극 관람비 등 경비도 지원받을 수 있다. 교육부는 2학기 들어 교육복지 투자 우선지역으로 지정된 230개 지역으로 대학생 멘토링 제도 시범사업 범위를 늘리고 내년부터는 전국으로 확대할 방침이다.

8. 설보연(서울사범대 불어교육과 4학년, 멘토 경력 3년)

설보연(22) 씨는 웬만한 고등학생이라면 알 정도로 유명인사이다. 지난 3년간 ㈜케이스 스카이멘토(www.skymentor.co.kr)에서 '계획의 여왕, 설보연'이라는 플래닝 방송을 진행하며, 전국 20만 명 학생들의 멘토로 활약하고 있다. 멘토로 활동하며 상담했던 사례들을 묶어 '설타 누나, 나의 멘토가 되어 줘'라는 책도 출간한 바 있다. 그는 "한 학생이 자살을 생각할 정도로 힘든 순간에, 내 방송을 듣고 희망을 갖게 됐다는 말을 들었을 때 가장 보람을 느꼈다."고 말했다.

그녀는 방황하는 학생들에게 늘 인생의 목표와 목적이 무엇인지부터 묻는다. 당장 눈앞에 펼쳐진 좁은 현실만 볼 것이 아니라 장기적인 인생을 생각해 보라는 의도이다. 또한 공부하기에 앞서 무엇을 위해 사는지, 왜 공부하는지부터 생각해 볼 것을 권한다. 설 씨는 "공부를 하는 이유를 알게 되면 동기부여가 돼 뭐든지 열심히 하게 된다."며 "자기 주도적으로 공부를 해야 목표를 달성할 수 있다."고 말한다.

그녀가 강조하는 공부 방법은 바로 계획 세우기이다. 일별, 월별, 연별로 계획을 세운 뒤, 그대로 이행하면 시간을 낭비하지 않고 점차 실력을 쌓을 수 있다. 이때 계획은 자신의 능력에 맞게 욕심을 내지 않고 세우되, 세운 계획은 무슨 일이 있더라도 실천해야 한다.

2장

1. 이혜숙 이대교수와 코넬대 정수연 학생 멘토링

"기회는 적극적으로 찾는 사람에게 와요."

"고3 초에 시작했던 교수님과의 멘토링은 제 인생에 가장 큰 영향을 미친 사건 중 하나랍니다. 모니터 앞에 앉아 망설이며 키보드를 두드리던 일이 이렇게 큰 경험을 가져올 줄은 몰랐어요." 지금은 미국 코넬대 3학년생인 정수연 양은 WISE 웹사이트에서 이화여대 수학과 이혜숙 교수를 자신의 멘토로 신청하던 때를 회고했다. 서울과학고를 다녔던 수연 양은 여학생이나 여교사가 별로 없어 답답했고 점점 흥미를 느끼던 수학을 앞으로 어떻게 공부해야 할지 고민하다가 WISE의 문을 두드렸던 것이다.

이 교수는 "그때 금융뿐 아니라 정보기술이나 생명과학에서도 수학이 있어야 해결될 문제가 많다고 알려 줬다.”며 “여학생을 위한 여러 특강을 듣거나 WATCH21[*] 같은 연구프로그램에 참여하라고 추천했다.”고 말했다. 수연 양은 이화여대 대학원생 선배들과 함께 WATCH21 암호팀을 구성했고 암호팀은 독창성 있는 알고리즘을 개발한 덕분에 350명이 참가한 이 대회에서 산업자원부 장관상을 받았다. 그는 “암호팀에서 수학 연구가 어떻게 진행되는지 알았고 연구과정에서 수학에 대한 열정을 쏟으며 카타르시스를 느꼈다.”고 당시를 회상했다. 그 뒤에는 암호팀 지도교수의 소개로, 수학 분야에서 권위 있는 상인 풀커슨상을 받은 마이크로 소프트(MS) 연구소 김정한 박사의 강연을 들을 수 있었다. 당시 수연 양은 학부 해외유학을 가기로 마음먹고 있었는데, 학교 성적 이외에 다른 활동이나 경력이 필요했다.

이미 국내 수학올림피아드에서 상을 받았고 키보드를 치며 밴드부 활동도 했던 그에게 WISE 멘토링은 미국 아이비리그에 속하는 명문대인 코넬대로 유학을 떠날 수 있는 날개가 됐다. “팀워크를 발휘하며 받았던 산자부 장관상이라는 큰 상도 코넬대에서 입학허가를 받는 데 도움이 됐지만 사실 여성도 좋은 외국대학에 유학 갈 수 있다고 격려하며 넓은 세계를 보여 주신 이 교수님의 멘토링이 큰 힘이 됐어요. 물론 교수님의 추천서도 큰 도움이 됐죠.” 하지만 어려움도 있었다. 외국대학에서 입학허가를 받더라도 장학

---

* 여자 대학(원)생, 여고생이 한 팀을 이뤄 공동 연구하는 과정에서 리더십을 키워 주고 우수 여성이공계인을 길러 내기 위한 사업이다. WISE 온라인 멘토링 WISE 웹사이트(www.wise.or.kr)에 접속해 회원 가입을 하고 멘토링을 신청하면 이공계에서 진학, 진로, 취업 등의 주제에 대해 도움을 주는 든든한 후원자(멘토)를 만날 수 있다. 정수연 양처럼 적극적으로 참여할 때 WISE 멘토링 사이트는 확실한 정보와 기회를 제공한다.

금을 받지 못할 경우 3남매 중 장녀인 그가 집안에 부담을 주면서
유학 가기 힘든 상황이었다. 수연 양은 후배 이공계 알파걸의 멘
토인 셈이다.

2. 최소희 부광약품 부팀장과 성균관대 강희원 학생 멘토링

"직업 현장의 목소리, 이제 후배에게 전해요."

수학자, 나노물리학자, 약사, 보건학자, …… 성균관대 약대 4학
년 강희원 양이 중학생 때부터 적어 낸 장래희망 목록이다. 부산
에서 고등학교를 다닌 희원 양은 방학 때 대전 KAIST에서 영재교
육을 받았다. 왕복 5시간이 넘는 시간을 들일 정도로 열정적인 학
생이었다. 당시 수업을 받으면서 여러 번 꿈을 바꿨다. 수학영재교
육을 받을 땐 수학자를 꿈꾸고, 물리영재교육을 받을 땐 나노물리
학을 연구하는 과학자가 되고 싶었다. 다양한 꿈을 꾸는 희원 양
은 현재 성균관대 약학과에 재학 중이다.

대학을 졸업하면 약사가 될 수 있지만 희원 양의 꿈은 약사가
아니다. 다른 진로를 찾고 싶던 차에 부광약품 품질관리팀 최소희
부팀장을 만나 가능성을 찾았다. 그는 충북대 약대를 졸업한 뒤
11년 동안 제약회사 약품품질관리 분야에서 일해 왔다. 두 사람은
한 통의 e메일로 인연을 맺었다. 희원 양은 지난해 6월 포르투갈에
서 열리는 국제 헬스 케어심포지엄 참여 여부를 고민했다. 2006년
미국에서 열린 국제약대학생 연합동아리(IPSF)에서 만난 친구가 추

천한 행사이다. 일반인에게 약의 올바른 사용법을 어떻게 알릴지 고민하는 장이다. 희원 양은 보건약학의 해외 동향도 알 수 있을 것 같아 학교 수업에 빠지고서라도 심포지엄에 참가하고 싶었지만 부모님의 반대가 심했다. 심포지엄 기간이 기말고사 기간과 겹쳐 성적이 떨어질 것을 우려했기 때문이다. 희원 양은 고민 끝에 최 부팀장을 찾았다.

멘토링으로 인연을 맺은 지 채 한 달이 안 됐을 때였다. 꿈을 위해 전진하는 희원 양에게 감동받은 최 부팀장은 교수에게 사전 동의를 구하면 출석도 인정되면서 심포지엄에도 참가할 수 있다는 조언과 함께 비행기 삯을 지원해 주기 위해 발 벗고 나섰다. 이때 부터 멘토-멘제 관계가 영글었다. 사실 희원 양은 고등학교 때까지 꿈이 많았지만 약대에 진학한 뒤 슬럼프에 빠졌다. 세심함을 요구하는 약학이 적성에 맞지 않다는 생각이 들어 한때 전과를 생각하기도 했다. 그러나 최 부팀장은 "약학을 전공한다 해서 모두 약사가 되는 것은 아니다."라고 설득했다. 희원 양은 의약 마케팅, 제약회사 연구원 등에 관한 설명을 들으며 진로선택의 안목을 넓혔다. 일단 수많은 약학 과목 가운데 무엇을 중점적으로 공부해야 하는지 감을 잡을 수 없었다. 이때 최 부팀장이 '현장의 목소리'를 들려줬다. 그는 제약회사는 약제학을 전공한 인재를 원하므로 약제학 분야에서 이론뿐 아니라 실험과목까지 섭렵하라고 조언했다.

멘토링 효과를 톡톡히 본 희원 양은 자신이 배운 내용을 이제 후배들과 나누고 있다. 그와 연결된 멘제는 수원중의 윤진남 양, 울산성광여고의 주지은 양, 춘천여고의 문혜린 양이다. 거리가 멀 어 자주 만나지는 못하지만 e메일로 공부 노하우, 대학 정보, 전공

정보 등을 소상히 전해 주고 있다. 희원 양은 "후배들은 고민을 덜 하고 좋은 길을 택했으면 한다."며 "친언니 같은 멘토가 되고 싶다."고 전했다. 희원 양이 멘토에게 친근하며 다가가는 모습도 최 부팀장의 멘토링 덕분일까? 인터뷰 중간에 틈날 때마다 약학 연구원이 쓰는 기구를 하나라도 더 설명해 주려는 최 부팀장과 그의 목소리에 귀 기울이는 희원 양의 표정에서 멘토링으로 이어진 따뜻한 끈을 엿볼 수 있었다. 중간 멘토는 멘제로 활동하면서 동시에 멘토의 역할을 맡는다. 멘제는 자신보다 저학년에게 멘토로서 조언을 해 줄 수도 있다. 멘토와 멘제로 촘촘히 연결된 여성네트워크를 지향하는 와이즈(WISE)의 전략 프로그램 중 하나이다.

3. 신라대 고현숙 교수와 의정부여고 최은주 학생 멘토링

"물 만난 고기처럼 신나게 해양과학자의 꿈 키워요."

"바다를 좋아하고 바다의 무궁무진한 비밀을 캐고 싶은 저는 해양과학자가 꿈입니다. 그 길은 고되고 험난해서 많은 사람들이 가길 꺼립니다. 하지만 제가 해양과학을 공부한다면 뒤따라올 누군가를 위해 울퉁불퉁한 길을 잘 포장하고 싶습니다." 까무잡잡한 피부의 어고생이 단상에 나가 당찬 포부를 말했다. 주인공은 지난해 2월 이화여대에서 열린 제1회 WISE 전국여고생 연구 발표 대회에서 '나의 꿈 나의 미래'라는 주제로 발표한 의정부여고 3학년 최은주 양이다.

그 자리에 있던 신라대 생물과학과 고현숙 교수는 은주 양에게 첫눈에 반했고 주저 없이 '러브콜'을 보냈다. 당시 은주 양은 WISE 경기센터 소속이었고 고 교수는 WISE 부산·경남 지역 센터에 속한 여성 과학자였다. 그러나 게와 새우, 가재처럼 다리가 10개인 십각류를 연구하는 고 교수는 해양과학자를 꿈꾸는 여학생을 모른 척할 수 없었다. 지난해 은주 양은 고 교수의 초대로 두 번의 값진 경험을 했다. 5월에는 부산에서 대마도까지 국립수산과학원의 연구선인 '탐구1호'를 타고 항해하는 해양선상캠프에 참가했다. 심해에서 끌어 올린 물을 손으로 만지며 수심이 깊어질수록 바닷물의 온도가 어떻게 변하는지 느꼈다. 해저 밑바닥의 진흙을 퍼 올려 저서생물을 찾아냈고, 작은 플랑크톤부터 오징어, 병어, 자동차 타이어만 한 불가사리까지 다양한 해양생물을 채집했다.

첫날은 뱃멀미 때문에 고생했지만 선상 위의 생생한 체험 덕분에 해양과학자의 꿈을 단단히 다질 수 있었다. 9월에는 제주도 성산일출봉으로 스킨스쿠버캠프를 갔다. 처음에는 잠수복을 입는 데에만 30분이 걸렸다. 고 교수에게 수영을 배울 때는 무거운 오리발 때문에 발목이 욱신거렸다. 하지만 스쿠버 장비를 매고 들어간 바닷속 풍경은 상상을 초월했다. "거미 불가사리와 빨간 성게, 문어, 혹돔처럼 맛있게 먹기만 했던 물고기들이 살아서 헤엄치고 있었어요. 그 순간 수심 7m의 바다가 두렵기보다는 포근하게 안아주는 듯한 느낌이 들었죠. 마치 엄마 품처럼." 제주도 출신인 고 교수는 어려서부터 바다와 더불어 살았고 자연스레 해양생물을 연구하게 됐다. 하지만 해양생물학자가 된 뒤 힘든 고비도 많았다. 임신 7개월 때도 억척스럽게 채집을 나갔고 제주도 현무암에서 미끄러지며 갈비뼈를 다치기도 했다. 서른아홉의 나이에 스쿠버다이 빙을 배우는 일도 녹록지 않았다. 그래서일까.

고 교수는 어린 은주 양의 꿈이 해양과학자라는 사실이 기특하기만 하다. 스쿠버다이빙을 가르쳐 준 것도 은주 양에게 가능한 많은 경험의 기회를 주고 싶어서였다. 고 교수는 해양과학자가 되기 위해서는 곰처럼 단순하고 우직한 편이 좋다고 조언한다. 뜨거운 태양, 거센 파도와 싸우고 히드라와 해파리의 독도 이겨 내야 하기 때문이다. 게다가 해양생물을 '횟감'이 아닌 연구대상으로 진지하게 관찰하는 여성 특유의 섬세함이 더해진다면 금상첨화이다. 바다만 보면 가슴이 벌렁거리는 환상의 커플은 기나긴 동면을 끝내고 이제 서서히 바다로 갈 준비를 하고 있다. 원거리 멘토링 "가재는 게 편인 것 알지? 힘들어도 파이팅!" "교수님, 스쿠버다이빙하실 때 감기 조심하세요." 멀리 떨어져 있어 자주 만날 수 없는 고 교수와 은주 양은 휴대전화 메시지와 e메일을 주고받으며 마음을 전한다. 얼굴을 볼 수 있는 날이 1년에 한두 번이기에 그 만남이 더 소중하게 느껴진다고.

4. 한정훈 박사 국가핵융합연구소 그룹장과 건국대 박주현 학생

"미래는 기술융합시대란 것을 실감했어요."

"6주라는 길지 않은 기간이었지만 그때 보고 들은 경험은 그 뒤제가 세상을 바라보는 시선을 바꿔 놓았습니다." 지난해 여름 국가핵융합연구소에서 멘토링을 가진 뒤 6개월 만에 연구소를 찾는다는 건국대 신소재공학과 4학년 박주현 양은 대전행 KTX 차내에서 당시를 떠올리며 미소 지었다. 당시 3학년이던 주현 양은 '이 공부를 계속해야 할까'라는 의문에 답을 찾으려고 고민하고 있었다. WISE의 멘토링 인턴십 과정에 지원한 주현 양은 멘토에게 가르침도 받으면서 인턴으로 일하며 돈도 벌 수 있는 흔치않은 기회를 경험했다.

처음으로 가족을 떠나 대전으로 내려와 연구소 기숙사에 머물며 6주 동안 생활했다. 주현 양이 배치된 곳은 미래전략연구그룹 파워플랜트시스템연구팀이었다. 2040~2050년경 상용화가 될 것으로 예상되는 핵융합발전소를 가장 효율적으로 만들기 위해 국내외 정보를 모으고 분석해 청사진을 내놓는 곳이었다. "그래, 이제 4학년인데 진로는 어떻게 할 거니?" 주현 양의 고민을 알고 있던 미래전략연구그룹 그룹장인 한정훈 박사는 인사를 마치자 '멘토'답게 바로 본론으로 들어간다. "전공을 살려 대학원에 들어갈까 해요." 재료공학자가 되겠다는 대답에 한 박사의 얼굴에 흐뭇한 미소가 번진다. 미래전략연구 그룹을 이끌고 있는 한 박사는 WISE가 멘토링 프로그램 참여를 부탁했을 때 흔쾌히 수락했다. 우리나라 젊은이들이 갈수록 이공계를 기피하고 이공계 대학생조차 전공을 못 살리는 게 결국은 이공계 업무 현장을 경험할 기회가 없기 때문이라고 생각했기 때문이다. "한 명이라도 미래에 대해 올바른 시각을 갖게 도와줄 수 있다면 보람 있는 일이라고 생각합니다." 한 박사는 주현 양을 사무실 잡무를 떠맡기는 인턴으로 생각하지 않고 팀의 일원으로서 핵융합 프로젝트에 대한 전반적인 안목을 갖추도록 배려했다. 특히 팀 회의는 가능한 참석하도록 했다. 앞으로는 혼자

똑똑한 사람보다 남들과 같이 일할 수 있는 소양을 키우는 게 중요하다고 생각했기 때문이다. "회사는 맡은 일만 하는 곳이라고 생각했어요. 그런데 이 분들이 열정적으로 미래를 설계하는 모습을 보면서 많은 걸 깨달았습니다." 핵융합 연구를 하는 나라들의 핵융합 플랜트 관련 최신 연구현황과 연구기관 자료들을 업데이트하고 정리하는 업무를 했던 주현 양은 수천도의 열과 고에너지 중성자의 충격을 견딜 수 있는 핵융합로 구조재료의 신소재를 개발하는 게 핵융합 실용화의 핵심이라는 사실도 발견했다. "학교에서 책으로만 공부할 때는 도대체 이런 내용들이 어디에 어떻게 쓰이는지 감을 잡지 못했습니다. 멘토링 경험으로 미래는 여러 분야의 전문지식이 합쳐져야 결과가 나오는 기술융합의 시대라는 걸 실감했죠." 주현 양 옆에서 흐뭇하게 지켜보던 한 박사는 "우리나라 젊은이들은 진흙 속의 진주"라며 "멘토링 같은 프로그램이 이들에게 '동기부여'를 해 줄 수 있는 계기가 된다면 더 바랄 게 없다."고 말했다.

WISE의 멘토링 프로그램은 이공계 여성전문인과 여학생을 이어주기 때문에 등록된 남성 멘토는 없다. 그러나 학생이 인턴으로 현장에 파견될 경우 책임자가 멘토 역할을 하기 때문에 남성일 경우가 있다. 한 박사를 비롯해 질병관리본부 조인호 박사와 윤기정 연구원도 남성 멘토로 활약했다.

5. WISE 거점센터 소장인 이화여대 이혜숙 교수

"여대생이 특별히 예쁘게 꾸미고 간 것도 아닌데, '와, 멋있다. 선생님, 사인해 주세요!'라며 여중생들이 열광하는 장면은 놀라웠죠. 유명한 과학자는 아니지만 중학교에 찾아와 열심히 실험하는 대학생 과학자가 그들에게 닮고 싶은 멘토로서 어필한 거예요. 이것이 WISE가 거둔 가장 큰 성과 중 하나죠.” 차세대 여성 과학기술 전문인을 키우는 사업인 WISE(Women Into Science and Engineering)의 이혜숙 거점센터 소장은 지난 6년간의 WISE 활동 중에서 돋보이는 성과로 '찾아가는 실험실'을 손꼽았다. '찾아가는 실험실'은 이공계 여대생이 멘토로서 중학교를 방문해 여학생 비율이 50% 이상인 수학반이나 과학반에서 함께 실험하고 진로와 관련한 상담도 하는 프로그램이다.

매년 100~200명의 여대생 자원자가 이화여대에서 실험지도 훈련을 받고 500~1,000명의 중학생을 만났다. 이 소장은 “찾아가는 실험실은 과학실험지도 자원봉사활동으로 여대생이 전공을 살려 봉사활동을 하고 과학교육을 위해 대학과 중학교가 협력하는 새로운 모형”이라며 “외국에서도 주목받은 사례”라고 자랑했다.

1,000여 쌍 맺어 준 이공계 중매쟁이 지난해 1학기 정원여중에서 이화여대 한 학생이 여중생들과 함께 과학실험을 하는 장면. '찾아가는 실험실'의 사례이다.

2000년대 들어 이공계 기피현상이 심각하게 대두되면서 중고등학생, 특히 여학생을 이공계로 이끌 프로그램이 필요했는데, 이런 목적으로 2001년 시작된 사업이 바로 WISE이다. 이 소장은 “미국 아이오와 주립대에서 여교수가 여학생을 돕는 프로그램을 이 대학의 여성 학장한테 소개받고 WISE를 기획했다.”고 말했다. 사실 WISE의 핵심은 여대생뿐 아니라 여성과학자가 봉사정신을 갖고 멘토로 참여하는 온라인 멘토링이다.

이 소장은 "HP 텔레멘토링 사례를 보고 온라인 멘토링의 아이디어를 얻었다."고 밝혔다. HP가 미국뿐 아니라 싱가포르, 홍콩 등에 있는 직원을 멘토로 받아 전 세계 학생들과 e메일을 주고받으며 진로를 상담하는 텔레멘토링을 1995년부터 진행해 온 것처럼 WISE도 우리 여성과학자를 온라인상에서 전국의 여학생과 맺어주려는 의도였다. WISE 사이트(www.wise.or.kr)에서 멘토링 커플로 맺어진 수는 현재 총 1045쌍(멘토 534명, 멘제 1394명)으로 2002년 219쌍(멘토 258명, 멘제 847명)에 비해 대폭 늘었다. 물론 숫자가 전부는 아니다. 이 소장은 "사업 초기에 WISE 프로그램에 참여한 여고생이 이공계 대학에 진학한 뒤 후배 여중고생을 위해 멘토로 참여하는 선(善)순환구조가 이뤄졌다."고 강조했다.

한 여고생이 이화여대의 화학과 연구실을 방문해 아스피린을 합성하는 법을 배우고 있다. 여고생이 대학 연구현장에서 전공을 체험하는 활동(M.A.S.E.R)이다.

또 WISE는 온라인 멘토링에만 머물지 않고 멘토와 멘제가 오프라인 공간에서 살갑게 만날 수 있는 다양한 장을 마련했다. 전국 규모의 멘토링 워크숍이나 멘토 특강뿐 아니라 여학생(멘제)을 직접 여성과학자의 연구현장에 데리고 가 멘제가 생생하게 체험할 수 있는 현장탐방을 진행했다. 특히 세계여성과학자대회, 한영포럼처럼 세계여성과학자들이 모이는 대회에 여학생을 초청해 세계적 역할 모델을 만나고 국제적 안목을 키울 수 있도록 도왔다. 그동안 WISE는 저소득계층의 어린이와 청소년에게 과학실험활동을 지원하는 그린WISE 프로그램, 중학생을 대상으로 한 여학생 친화적 WISE 과학캠프, 여고생이 대학에서 교수나 대학(원)생을 만나 전공을 체험하는

M.A.S.E.R(My Advanced Science and Engineering Route), 여고생 연구 참여 프로그램과 전국발표대회, 이공계 여대생을 위한 인턴십, 경력개발아카데미, 과학실험자원 봉사단 등의 프로그램을 운영해 왔다. 또 24개 기관(대학, 국책연구소, 기업)에서 멘토링 펠로우를 위촉해 이공계 여대생에게 경력개발에 대한 조언도 해 왔다.

최근에는 여성과학자를 키우는 남성 멘토도 선발하고 WISE 블로그대회 '사.우.나.(사이언스, 우먼, 그리고 나의 이야기)'도 개최했으며, 올해부터 여중고생이 여대생의 지도를 받아 과학논문을 쓰도록 한 뒤 e저널을 만드는 프로그램(여중고생 과학논문 멘토링)을 진행한다. 교육인적자원부 여성교육정책과 서영주 과장은 "WISE는 현재 이화여대 거점 센터와 13개 지역 센터를 설치했고, 앞으로 전국 지역 센터를 16개까지 늘려 여학생을 과학기술인으로 키우는 사회협력 기반을 넓혀 나갈 계획"이라며 "앞으로 다양한 여성과학기술인 육성·지원사업과 함께 시너지효과를 낼 수 있을 것"이라고 말했다. 한국의 마리 퀴리를 꿈꾸는 알파걸에게 날개를 달아 줄 조력자가 늘고 있다.

Part

05

여성 조직개발 이야기 (Story—3

전 세계적으로 갈수록 여성 인력이 기업의 주요 자산으로 인식되면서 한국에서도 큰 관심사인 것으로 안다. 기업들은 여성 인력을 유지하고 성장시키는 데 크게 두 가지를 신경 써 줘야 한다. 삶과 직장이라는 고민에 안정적인 균형감을 심어 주고 멘토링(mentoring)해 주는 것이다.

1. 삼성 SDS Women.com
2. 여성부 위민넷
3. 숙명여대도입(2003. 11)
4. 이화여대 도입(2003. 8)
5. P&G 기업여성 멘토링

삼성 SDS Women.com

1장

삼성 SDS는 2001년 여성위원회가 결성되어 전국 사업장 여성 직원들의 구심체 역할을 하고 있으며 온라인 커뮤니티(SDSWomen.com)의 운영과 이를 통한 '사이버멘토링제도'로 여성고용환경 개선에 노력하고 있다. 멘토링에 관심 있는 멘토와 멘제가 신청서를 제출하면 1:1 또는 1:N의 형태로 매칭이 이루어진다. 멘제들은 멘토에게 자신이 멘토링받고자 하는 분야에 관해 '멘토링플라자'를 통해 상담을 받을 수 있고, 멘토는 '멘토 카페'에서 여성 전문가들과 네트워킹할 수 있는 기회를 갖게 된다. 멘제 역시 '멘제 카페'를 통하여 자신과 비슷한 고민을 하고 있는 멘제들과 의견을 교환하고 정보를 나눌 수 있다. 멘제들은 자신의 멘토링 중 우수 사례를 추천할 수 있으며, 추천된 내용은 심사를 거쳐 'Best 멘토링'으로 선정된다. '직장얘기', '사는 얘기' 등의 메뉴를 통하여 업무와 관련된 내용뿐만 아니라 일상생활이나 육아와 관련된 내용들도 조언을 얻을 수 있다.

국내에서 현재 진행 중인 e - 멘토링 시스템을 살펴보면 다음과 같다. 우리나라의 여성부에서 운영하고 있는 위민넷에서는 여성들의 성장과 교류를 돕고자 2002년 5월에 '사이버 멘토링'을 시작하였다. 멘토는 각 분야에서 실력을 갖춘 여성들로 20대에서 50대까지 연령층이 다양하며, 멘제는 고등학생부터 20대 직장여성들로 구성되어 있다. 이 시스템은 멘토링을 통해서 완수해야 할 과제를 멘토와 멘제가 함께 정하도록 하며 매달 토론 주제를 공지하여 그 달의 주제를 우선적으로 토론하도록 하고 있다. 성공적인 멘토링을 위해 매주 2번 이상 멘토링 활동에 참여할 것과 e - mail보다는 시스템에서 제공하는 게시판 형태의 멘토링 공간에서 커뮤니케이션이 이루어질 수 있도록 유도하고 있으며 '멘토지식 창고' 게시판을 통해 회원이 아닌 사람도 멘토링의 답변을 볼 수 있다. 멘토링의 내용을 전담요원 3명이 매일 모니터링하여 멘토링 운영을 지원하며, 모니터링에 관한 사항과 멘토 및 멘제의 선발원칙은 사전에 멘토와 멘제에게 미리 공지하여 오해가 없도록 하고 있다. 멘토링 활동에 대한 동기 유발과 멘토링 평가를 위해 '자매일기' 발간, '베스트 멘토 - 멘제' 선정 등이 진행 중이다.

숙명여자대학교는 2003년 국내 대학 최초로 멘토 프로그램을 도입한 뒤 매 학기 성공적인 운영을 보임으로써 타 대학들의 벤치마킹 대상이 되고 있다.

4년제 대학 중에서는 여대를 중심으로 도입이 늘어나는 추세이다. 여성에게 상대적으로 취약한 인적 네트워크 구축을 돕고 학생 개개인의 경쟁력 향상을 높이기 위한 목적이 대부분이다.

숙명여대는 지난해 하반기부터 기업 CEO와 학생을 연결하는 멘토 프로그램을 가동, 좋은 평을 받고 있다. 특히 멘토로 참가하는 기업인의 면면이 화려해 화제를 불러일으키기도 했다. 이현봉 삼성전자 사장, 김신배 SK텔레콤 사장, 김진형 남영 L&F 사장, 차석용 해태 제과 사장, 김영경 신화전자 사장 등이 멘토로 참여하고 있으며 대기업의 과장, 대리 등 검증된 커리어를 가진 주요 실무자들도 포함돼 있다.

　강정애 취업 경력개발센터장은 "CEO의 멘제들이 공모전에 입상하고 해당 기업의 인턴으로 채용되는 등 성과가 나타나고 있다."고 밝히고 "성공적인 사회진출을 지원할 뿐만 아니라 조직에서 꼭 필요한 여성 리더를 육성하기 위해 멘토링을 도입했다."고 덧붙였다.

4장

    이화여대는 예비대학생을 선배와 연결시켜 끈끈한 관계를 맺도록 하는 멘토 이벤트를 실시하고 있다. 수시 합격생을 대상으로 리더십 캠프를 개최하면서 재학생 멘토가 일상을 함께하는 방식이다. 이 밖에도 서울대 경영대학원에서는 동문 등 외부 후원자와 대학원생들을 일대일로 연결하는 '빅 브라더스' 멘토링을 실시하고 있으며 아주대는 대학원생들이 장학금을 받으면서 학부생 멘제를 가르치는 '튜터 시스템'을 운영하고 있다. 또 인하대는 고시 준비생을 대상으로 한 멘토링을 실시 중이다.

5장

1. 여성 멘토링의 현황

대부분의 기업에서 멘토링 제도를 활용하고 있지만, 아직까지는 별도로 여성 멘토링이 있는 기업은 드물다. 그러나 비록 목적과 형태는 기업 내에서의 멘토링과 다를지라도, 여자대학교와 사이버 공간상에서의 여성 멘토링은 매우 활발히 이뤄지고 있다.

그리고 2002년 여성부가 처음으로 온라인상에서 여성들이 서로의 경험을 공유하고 개인의 정서적·심리적·사회적 문제에 대해 경험자들이 조언해 주며 다양한 분야의 역할 모델을 제시하기 위한 목적으로 웹페이지 '위민넷'을 통해서 사이버 멘토링을 시작했다. 105쌍으로 시작한 지 2년 만인 2004년에는 400쌍으로 4배 늘어났고, 대기자만 1,500여 명에 이를 정도로 폭발적인 관심 속에 있다.

앞서 언급한 바와 같이 국내에서의 여성 멘토링은 저조한 편이지만, 최근 다국적 기업을 통해 해외에서 시행되고 있는 여성 멘토링의 도입이 이뤄지고 있다.

인재를 중시하는 GE는 제프리 이멜트 회장의 후원을 바탕으로 비즈니스 능력을 개발하고, 조직 문화를 변화시키며, 나아가 여성이 조직 내 전문 리더로 성장하도록 돕는 것을 위해 GEWN(GE Women's Network)을 창단하였다. 인도, 일본, 오스트레일리아 등지에서도 운영되는 GEWN는 벤치마킹을 통해 현대카드·현대캐피탈이 '우먼스 네트워크(Woman's Network)'를 조직하여 우리나라에도 도입되었다. 대리 이상 여성 인력 97명으로 구성되어 전체 여성 인력 1,005명의 업무 이해 및 직무 수행 능력을 높이기 위해 만든 공동체로서, 리더십 및 업무능력 향상 부문과 신입사원과 조언자 그룹을 연결하는 멘토링 프로그램 부문으로 나뉘어 시행되고 있다고 한다.

이에 앞서 한국 P&G의 경우, 2000년에 사내 복리후생제도의 하나로 영업직 여성 사원들의 모임으로 women's network가 창설되었다. 비록 현대카드·현대캐피탈에 비해서 규모도 적고 덜 조직화되어 있지만, 기업에서의 여성 멘토링의 첫 적용이었고 6년이라는 세월 동안 시행된 점을 고려하여, P&G의 여성 멘토링에 대해 알아보고자 한다.

(1) 인재 중시의 기업

"누가 우리의 돈, 건물, 브랜드는 남겨 놓고 직원들을 데리고 떠난다면 이 회사는 망할 것입니다. 하지만 모든 것을 가지고 가더라도 직원들을 남겨 둔다면 우리는 10년 내에 모든 것을 재건할 수 있습니다." 1947년 P&G 사장인 리처드 듀프리의 말에서 볼 수 있듯이, P&G는 무엇보다도 인재를 기업의 경쟁력으로 본다. 그러므로 우수한 인재의 채용과 교육·개발에 많은 투자를 하고, 가장 효율적으로 조직을 관리할 수 있는 시스템을 자체적으로 개발하기 위해 노력한다. P&G는 이렇게 개인의 경력과 업무의 향상을 이루려는 직접적인 방법 외에도 조직 구성원들의 내부문제에도 관심을 기울인다. 대표적인 예는 스트레스 관리를 위해 마련된 직원조력 프로그램(EAP)으로, 지정된 전문기관에서 직원이 직장이나 개인문제로 상담 및 치료를 원할 때 모든 비용을 지원한다.

(2) 내부 승진 제도

무엇보다도 P&G의 가장 큰 특징은 최고 경영진을 회사 내부에서 육성하는 내부 승진 제도이다. 즉, 신입 사원이 입사 후 능력과 업적 평가에 따른 공정한 승진 제도를 통해, 회사 각 부문의 관리자, 나아가 최고 경영자까지 회사 내부에서 양성하는 것이다. 그렇기 때문에 국내에 있는 대부분의 외국 기업들이 대졸 신입 사원을 거의 뽑지 않고 경력자를 선호하는 것과는 달리, 경력 사원을 절

대로 선발하지 않는 것이다. 이를 통해 구성원들이 주인의식과 도
전의식을 가지도록 유도하며, 교육을 통한 개인의 능력개발이 매우
중요함을 알리게 된다. 업적 외에 어떠한 차별 없이 승진 및 보상
을 하는 내부 승진 제도는 승리에 대한 열정 및 상호 신뢰로 이어
져 서로 다른 사람들의 능력과 의지에 대한 신뢰를 바탕으로 일하
는 환경을 조성해 각자가 최고의 능력을 발휘하도록 이끌어 낸다.

(3) 여성 친화적 기업

■ P&G의 여성친화적 제도

① 1박 이상 출장·회의·교육을 떠날 때는 일정금액의 탁아비
   나 간병비를 지급한다.
② 남녀 모두 1년간 육아휴직을 할 수 있다.
③ 기혼여성이 가정과 직장생활을 양립할 수 있도록 2시간 먼저
   출근하고 2시간 먼저 퇴근할 수 있는 '자율시간 근무제도'가
   마련돼 있다.
④ 임신 중에는 정기검진을 위해 월 1회 휴가도 쓸 수 있다.

이와 같은 근무환경 때문에 여대생들은 입사하고 싶은 기업으로
맨 먼저 P&G를 꼽았다고 한다. 한국 P&G의 여성인력 비율은
40%에 달하고 부장급 이상 간부 중 28%는 여성이다. 따라서 여성
직원들이 보다 목소리를 내기 쉽고, 그 역량을 키우는 데 있어서
도 타 회사에 비해 유리한 환경을 갖추고 있는 곳이 바로 P&G다.
즉 여성들의 역할모델이 많기 때문에, 자연히 긍정적인 역할모델을

보고 듣고 직접 경험할 기회도 많게 된다. 이처럼 직접 관찰하고 몸으로 부딪혀 보고 경험하는 것은 역량 및 능력 개발을 위해 매우 중요한 요소인데 왜냐하면 이러한 과정을 통해서 스스로 깨달아야 자기개발의 효과성은 월등히 높아질 수 있기 때문이다.

3. 미국사례 – P&G 여성인육성 Mentor Up 프로그램

프락터 엔드 갬블(이하 P&G)은 최고경영자를 내부에서 육성하는 '내부 승진 제도'를 오래전부터 채택한 전통 있는 세계적 기업이다. 1990년대 초 P&G 미국 본사 광고부문(Procter & Gamble U. S. Advertising) 여성 초급간부 이직률은 남자 직원보다 2배 높은 수준이었다. 여직원 승진과 유지(Retention)를 위한 획기적 방안을 강구하기 위한 테스크 포스 AWTF(Advancement for Women Task Force, 여직원 육성을 위한 테스크 포스)를 구성하고 전통적 멘토링과 정반대의 멘토링, 즉 여직원 초급관리자가 멘토가 되고 남성 고위관리자가 멘제가 되는 역멘토링 프로그램인 'Mentor – Up' 프로그램을 운영하여, work/Life balance(직장/개인(가정) 균형), 세대 차이에 따른 동기부여 방안 등을 코칭하여 조직문화의 변화에 크게 기여하는 한편, 이직률 감소, 여성인재 육성 등의 성과를 이루었고, 회사 내 다른 부문과 지역 내 타 회사까지 멘토링을 확신하는 파급 효과를 가져왔다.

(1) 배경

P&G는 최고 경영자를 외부에서 영입하지 않고 내부에서 육성하는 오랜 전통이 있으며, 본사 광고 부문은 각급 부사장을 포함하여 회장을 배출하는 회사 내 핵심 부서이다. 따라서 현업 중간 관리자들이 항상 적정 수준으로 유지되어야 하는데, 문제는 여성 초급관리자들의 이직이 남성보다 2배나 높았다.

P&G 광고 부문은 1991년 인사부에 여직원 유지 테스크 포스(Retention of Women Task Force)를 구성하여 여직원의 이직 방지를 도모했으나, 일관된 성과를 거두지 못했다. 그래서 1994년 모든 현업부서를 참여시켜 AWTF로 확대 개편하고, 2010년까지 모든 계층에 여성 인재를 골고루 육성시키고, 이직률을 1퍼센트로 줄이며 근무 만족도를 높인다는 목표를 설정했다.

과거 5년간 이직한 여직원 면담을 통한 원인 분석 결과, 여직원들이 직장에서 겪고 있는 문제에 대한 인식 부족, 조직 내 역할 모델의 부족, 경력개발 전망, 기혼 여직원의 육아 및 자녀 관련 문제에 대한 회사의 이해와 관심 부족 등이 이직률을 높이는 이유로 나타났다.

(2) 'Mentor Up' 프로그램 운영

① AWTF의 핵심전략

가장 중요한 전략은 최고 경영진의 지원을 이끌어 낸 것이다. 프로그램 계획 수립 단계에 회장까지 보고하여 최고경영자의 의지를 확보하고, 집행위원회(The Executive Committee)의 남성 고위 임원을 '챔피언(후원자)'으로 추대하고 챔피언이 직접 멘제로서도 활동하도록 했다.

두 번째 성공 전략은 프로그램의 목적을 여직원 육성, 유지뿐 아니라 전반적인 근무 만족도를 높인다는 것으로 확대한 점이다. 참가 대상자의 범위를 넓힘으로써 조직 전체에 긍정적 영향을 미치도록 했다.

광고부문 전체에 실행하기 전에 우선 Health Care & Food Sector에 2년간 테스트 마케팅을 실시하고, 그 결과 이직률 감소(2년간 25%) 및 종합 직장 만족도의 성과를 확인한 다음 광고부문 전체로 확대해 나갔다.

■ AWTF의 'Mentor - Up' 프로그램 지원 활동

지원활동/목적 및 내용

매칭	고위관리자(전원)와 하위 여성관리자(지원)를 매칭하기 위한 설문 적절한 결연 필요시 매칭 변경
킥오프	프로그램 오리엔테이션에서 멘토/멘제의 1차 상호작용 촉진이 가장 중요한 관계형성 위한 기초작업
토의주제	격월로 '토의 주제' 자료 배포(잡지, 신문, 논문 등의 관련 기사, 지역사회 행사, 회사정책 등)하여 미팅 촉진 및 지원
추진위원회	부서별 책임자로 구성, 모니터 및 후원자 역할 필요시 프로그램 구성요소 수정
멘토	런천 6개월마다 멘토 전원 런천(Luncheon) 학습공유, 상호조언 격려, 추적
모니터링	

② 목적

남성 관리자나 임원에게 여직원 관련 문제를 관리하는 방법을 비공식적으로 피드백 제공하기, 사운딩 보드 역할, 하위 여직원과 고위 경영진과 관계 형성하기 등을 프로그램 목적으로 정했다. 실제 실행은 각 센터별 현업부서책임자가 프로그램 지도자가 되고,

HR담당자가 함께 전사적 추진 조직을 구성하여 진행했다.

③ 선발

남성 임원은 모두 멘토가 되었다. 현재는 여성 임원도 멘제로 참여한다. 멘토는 여성 하위 관리자 중에서 지원하는 사람으로 한다. 멘토 지원자가 모자랄까 염려하였는데 오히려 멘제 인원보다 훨씬 많은 사람이 지원했다.

매칭의 원칙은 지원서에 고향, 취미, 학부 전공 등을 망라한 다양한 항목을 넣어 결연에 참고하도록 했고, 직급 차이는 2단계 이상으로 하되 같은 부서의 상사 부하 관계가 아닌 사람으로 매칭했다.

코디네이터가 수시로 토의 주제(Discussion guide)나 제안을 하면서 심지어 멘토·멘제 매칭을 다시 해 주기 원하는지까지 물어보며 모니터링하기 때문에 다른 멘토링 프로그램이 대개 멘토·멘제 매칭만 해 주고, 그 다음은 두 사람이 알아서 하라는 식으로 운영하는 경우와 달리 성공적으로 운영되었다고 본다.

■ 멘토/멘제 선발 기준

멘토

- 지원자라야 한다.
- 계층별로 골고루 선발한다.
- 여직원 직장생활, 개인(가정)과의 균형 문제에 관한 신뢰받는 조언자, 교사, 자문역할을 한다.
- 개인적인 경험을 이야기한다.
- 새로운 행동을 제안한다.

멘토

- 특정 직원의 이름이나 사례를 이야기하지 않는다.
- 멘제에게 유일한 피드백 소스가 되지 않는다.
- 모든 사안에 대한 해법이나 의견을 주는 것은 아니다.
- 여성문제에 관한 멘제의 행동이나, 성장에 책임을 지는 것은 아니다.
- 멘제와 약속한 비밀을 준수해야 한다.
- 멘제의 부하직원이어서는 안 된다.

멘제

- 멘토링을 통해 여직원의 직장생활 문제에 관해 인식하고 이해한다.
- 멘토의 피드백을 주도적으로 구한다.
- 멘토와의 대화를 통하여 개인적 태도와 행동을 모색한다.
- 경청하고 질문한다.
- 기꺼이 학생, 조언받는 사람, 학습자가 된다.

멘제

- 멘토와 대화에 적극적으로 참여하지 않음으로써 멘토를 불편하게 하지 않는다.
- 다 알고 있는 것처럼 하지 않는다.
- 학습 의지가 없으면 멘토링 프로그램에 참가하지 않는다.
- 모든 사안에 대하여 모든 여직원이 '하나의 올바른' 입장이 있다고 가정하지 않는다.
- 멘토의 상사가 아니어야 한다.

④ 역할 바꾸기

멘토링에서는 멘토와 멘제가 일반적으로 상황과 정반대의 역할을 하는 것이므로 실제로 진행하기가 쉽지 않다. P&G의 'Mentor-Up' 프로그램에서는 이 점에 유의하여 킥오프 오리엔테이션에서 역할 바꾸기 훈련이 있었다.

⑤ 킥오프 오리엔테이션

가장 중요한 요소이다. 킥오프 오리엔테이션을 실시하는 목적은 참가자의 의지를 확고히 하고, 멘토와 멘제가 서로의 역할을 확인하기 위한 것이다. 또 효과적 멘토링 활동의 계획을 세우며, 멘토 멘제 간 초기 대화의 장이 된다. 과정 중에는 멘토 멘제가 분반하여 서로의 기대사항과 걱정되는 점을 토의한 다음 합반하여 공유한다.

⑥ 토의 주제(Discussion guide)

P&G 역멘토링 프로그램 성공의 결정적 요소 한 가지는 격월로 토의 주제를 제공하였다는 것이다. 프로그램 참가자의 상호 작용이 구조화되고 초점을 맞출 수 있게 도와준 것이다.

토의 주제를 예시하면 '직장에서 존중받고 있다는 느낌이 들 때'라는 설문 항목이나, '기업에서 여성 임원으로 승진하기'라는 컨설팅회사의 사례연구 보고서를 읽고 토의하고, '직장과 가정(개인) 균형 방침과 사례'로서 출산휴가, 육아지원, 유연근무시간제에 관해 토의하기 등이다.

(3) 성과와 교훈

P&G의 'Mentor－Up' 프로그램의 성과는 평소 이야기하기 꺼리는 주제에 관하여 남녀 임직원 간에 대화를 나눔으로써 인식과 이해가 이루어졌다는 점이다. 원래 남자 임원을 대상으로 하였는데, 여성 임원들도 자원 참여하여 세대 차이나 부서 간 관점의 차이에 대한 통찰을 하게 됐다.

P&G에서 관리자가 승진하기 위해서는 업무실적(50%)뿐 아니라 부하 육성을 통한 조직역량개발(50%)을 달성해야 한다. P&G 광고부문에서 실행한 'Mentor－up' 역멘토링 프로그램은 조직의 변화란 추상적 구호를 외친다고 되는 것이 아니라 '누구' 또는 '무엇'과의 관계하에서 이루어지는 것이며, 구성원 간의 인간관계 활동(면대면 만남이든, 국경을 넘는 비츄얼 상호작용이든)은 조직의 변화는 물론 획기적 사업 성과 향상도 가능하게 한다는 것을 입증했다.

4. 한국사례 － P&G여성 멘토링

(1) P&G의 실천이념과 여성 멘토링과의 관련성

첫째, '모든 개인을 존중한다.'는 P&G의 실천이념은 모든 사원이 각자 가지고 있는 잠재력을 최대한 발휘할 수 있고 발휘하기를 원한다는 기본 전제하에 존재한다. 따라서 기업은 사원들이 기업의 높은 기대치, 기준 및 목표를 달성할 수 있도록 격려하고 능력을 발휘할 수 있는 환경을 제공하고자 하며 이러한 이념 실천 정책의 일환으로서 기업의 상당수를 차지하는 여성들을 위한 여성 멘토링을 운영하게 된다.

둘째, '회사와 개인은 공동의 이익을 추구한다.'는 P&G의 실천이념은 사업을 위해 올바른 일을 성실하게 행하는 것이 결국 회사와 개인 모두를 성공으로 이끌고 성장하게 함을 확신하는 것이다. 그리고 이렇게 공동의 성공을 추구함으로써 회사와 개인들은 하나가 된다고 보기 때문에, 조직의 충성도를 높이고 회사와 개인 모두의 성장을 위한 하나의 방편으로 여성 멘토링이 운영되고 있다.

셋째, '개인의 전문적인 능력을 소중히 여긴다.'는 P&G의 실천이념은 탁월한 전문 지식의 숙련과 업무 수행을 장려하고 기대하는 P&G 기업 문화와도 연관되며 특히 자신뿐만 아니라 다른 사람까지도 지속적으로 성장시키는 것을 모든 개인의 책무라고 믿는 이타적 기업 이념은 여성 멘토링을 직원들 스스로 활성화시키는 원동력이었음에 틀림없을 것이다.

넷째, '서로 협력하고 의존하는 것을 생활화한다.'는 P&G의 실천이념은 조직이 다수의 인간으로 엮어진 인간관계임을 지각하고 이를 중요시하여 상호 협력하는 것이 곧 조직의 지속적 발전과도 연관됨을 분명히 한다. 따라서 효과적인 업무 수행능력 습득이란 목적을 제외하고도 이끌어 주고 밀어주는 원만하고 원활한 인간관계 그 자체를 위해서도 여성 멘토링은 운영되고 있다.

(2) 여성 멘토링의 출범

영업직 여직원들이 매년 절반씩 회사를 떠나던 2000년, 현재 영업기획 이사인 황진선 이사를 중심으로 영업직 여성 사원들의 모임으로 창설되었다. 여성의 활동을 위한 제도적 뒷받침이 되어 있고 여성 비율이 높은 P&G임에도 불구하고, 영업직이라는 직무의 특수성 때문에 여성들의 어려움은 적지 않았다. 영업직의 경우, 각자의 현장으로 현지 출퇴근을 한다. 그래서 동료들과 정보를 나누고 어려운 일을 의논할 자리를 마련하기가 쉽지 않다. 가사와 육아를 병행하면서 직장생활을 해야 하는 기혼 여직원의 경우는 어려운 고비를 혼자 견뎌야만 했던 것이다. 서로 도와주고 정보를 나눌 수 있는 네트워크가 없다는 게 조직생활에 큰 장애가 되었고, 결국 여성들로 하여금 이직할 수밖에 없도록 유도하였다. 또한 여성 사원에 대한 고객들의 불신이라는 장애 요인도 있다. 지난해 영업본부 안에 만든 '다양성 개발담당(Global Customer Business Development of Diversity)' 부서의 부사장이 한국 P&G 임원들과 여성능력개발과 관련한 워크숍을 하기 위해 한국을 방문했다. 그녀는 남성 고객들이 여성 영업사원을 신뢰하지 않는 경향이 있어서, 여자와 일 얘기는 하지 않겠다는 남성 고객을 설득하려고 사무실 앞에서 10시간을 기다리기도 했다고 한다. 이는 비단 미국만의 일은 아니며, 영업 사원으로서의 여성은 이중 장벽에 둘러싸여 있는 것이다. 따라서 '여성을 돕는 여성의 모임'을 통해 여성 임원들이 직접 여성을 위한 업무환경 만들기에 나서게 된다.

(3) P&G의 women's network

지난 2000년 영업직 여성 사원 12명을 모아 '영업부 우먼스 네트워크(CBD women's network)'라는 사내 모임이 만들어졌다. 새 구성원이 조직에 들어오면 우선 멘토 제도에 의해 해당 구성원이 속한 팀의 고참 직원 중 한 명이 멘토로 지정된다. P&G의 멘토는 조직의 전반적인 분위기나, 행동 방식, 팀 구성원들에 대한 정보 등을 새 구성원에게 전달한다. 이와 함께 기본적인 업무 스킬도 교육한다. 이는 기존 멘토링과 별반 다를 바가 없다. 그러나 P&G의 우먼스 네트워크는 가정문제 등 사적인 면에 대해서도 멘토링이 가능하였고, 꼭 신입사원이 아니더라도 모든 여성 직원들이 멘토와 후배로 연결되어 직장 생활을 위해 도움을 주고받게 된다. women's network 제도의 목표가 우수한 여성 인재들이 앞으로 영업직에 많이 들어오도록 토양을 튼튼히 만드는 것인 만큼, 여성들의 유대를 위한 여러 행사를 열고 있다.

일 년에 한 번씩 '패밀리 데이'를 지정하여 남편과 아이들과 함께 모이고, 남편끼리도 경험을 나누는 기회를 마련했다. 남편들의 외조가 무엇보다 중요하기 때문이다. 또한 멘토링 시스템으로 여성 선배로부터 직장과 가정생활을 병행하는 법·업무 노하우·육아 고민 등에 대한 상담과 조언을 듣는 장도 마련돼 있다. 리더십이나 설득기법 같은 업무에 꼭 필요한 전문지식을 쌓기 위해 외부강사를 초청해 함께 강의를 듣기도 했다. 이를 통해 여성들이 함께 성장하는 토대를 마련하는 것이다. 그러므로 출산 후 육아문제로 사표를 내려는 여직원을 설득하고 해결책을 내놓기도 한다. 또한 회사의 문화를 더욱 '생산적'으로 바꾸기 위한 연구도 한다. 지난 해에는 회사에서 벌어지는 '희롱'에 대한 사례연구를 한 뒤 전 직원을 대상으로 교육도 시켰다. 실적이 나쁜 직원에게 "너 하루 종

일 뭐해? 어디 가서 노는 거 아니야?"라고 말하는 것, 불임으로 고
민하는 직원에게 "아이는 언제 낳을 거냐?"고 묻는 것도 희롱이다.
흔히 희롱이라면 성희롱만 있다고 생각하는 편견을 깨는 계기를
만든 것이다. 여성들 간의 유대모임에서 끝나지 않고, 기업 문화를
올바르게 바꾸어 나가는 것도 여성 멘토링을 통해서 이뤄져야 할
목표 중 하나이다.

(4) 여성 멘토링 대(對) 남성 멘토링

여성 멘토링의 선두주자이자 멘토링을 통해 조직원의 업무능률
과 만족도, 그리고 성취도까지 높이는 데 성공한 P&G의 경우를
살펴보았다. P&G는 활성화될 수 있는 여성 네트워크와 더불어 조
직원의 능률까지 높이는 자극이 될 수 있는 비업무적인 면에까지
영향을 주기 위해 멘토 제도와 스폰서 제도를 활용하고 있었다.
하지만, 여성 조직원과 남성 조직원의 특성이 다른 만큼 조직에서
는 조직의 성별 특성에 기인해 멘토링 제도를 시행함에 있어 다른
정책을 사용해야 할 것이다. 그러므로 여성 멘토링과 남성 멘토링
을 비교하여 여성과 남성의 다른 특성에 따라 어떻게 조직원에게
동기부여를 할 것인지, 또한 멘토링에 있어서 가장 중요한 요소로
꼽히는 네트워크상의 차이를 통해 어떻게 관계를 구축해 나가야
할 것인지를 토의해 보았다.

우선, 여성들 간의 관계를 돈독하게 다질 수 있는 사적 네트워
크가 여성 조직원들의 동기부여에 도움을 줄 수 있다는 것이다.
캐털리스트의 회사 고위급 여성 조사 보고서에 보면, 격의 없는

네트워크에서 배제되는 것이 여성들의 성공을 막는 요소로 손꼽힌다고 한다. 그러므로 여성 멘토링을 통해 많은 멘토들이 자신들의 직무 목표와는 무관한 여성으로 살아가기 혹은 직장 생활에 있어 여성으로서 느낀 좌절과 어려움을 멘제들에게 털어놓고, 그것을 극복한 자신의 경험을 말해 주는 것은 멘제들에게 큰 도움을 준다. 그것은 멘토들이 직장생활을 하면서 부딪혔던 가장 큰 문제가 바로 정보의 부족이나 승진 등의 이유보다 부재한 여성 유대였기 때문이다. 그러므로 여성으로 사회생활을 하기는 멘토링에 임하는 여성들의 목표가 아니면서 동시에 가장 큰 목표가 되기도 한다. 여성 멘토들은 남성 멘토보다 사회 심리적 부분에서 큰 효과를 발휘하고 있고, 멘제들의 사생활에 있는 고민 등에 대해 격려하고 관심을 가지며, 감정표현 기능을 한다. 보살핌이나 관계 맺기 등으로 나타나는 여성적 특성이면서 그런 부분에 관심을 가질 수밖에 없는 여성들의 이중부담과 관련된 현실은 여성에게 부담이기도 하지만 한편, 여성들의 장점을 개발하기도 한다.

Part

06

여성 인재개발게임 (Game

한국인 정서에 맞게 개발된 멘토링 게임은 먼저 멘토링에 참여하는 멘토/멘제의 개인개발에 초점을 두고 자신의 가치가 업그레이드되는 과정을 체험함으로써 멘토링 활동에 몰입도를 극대화하여 자생력으로 멘토링을 진행하고자 하는 프로그램이다. Workshop 형태로 진행되는 성격개발게임, 인격개발게임, 감성개방게임을 통하여 멘토/멘제의 인간 성장을 학습 목표로 한다.

1. 성격개발게임(Lynchpin Game)
2. 감성개발게임(EQ Game)
3. 인격개발게임(Star Game)

1장

1. 성격개발의 의미와 목적

(1) 성격개발(Lynchpin, 린치핀) Game 목적

① 먼저 자기의 성격유형을 찾아 강점과 약점을 알고

② 그 후 멘토와 멘제의 연결 도구로 사용하고

③ 상대방에게 바람직한 대응과 피해야 할 대응으로 좋은 관계를 유지하기 위함이다.

(2) 성격개발(Lynchpin) Game의 명칭 어원

① Lynch(연결) Pin(핀)은 '연결핀'이라는 뜻으로 트랙터가 트레일러를 끌 때 반드시 둘 사이에 연결핀을 꽂아야 제대로 끌

수 있다는 데서 기인(美, Bobb Biehl)한 것으로 멘토링에서 멘토가 멘제와 연결하는 도구(Tool)로 활용하고 있다.
② 린치핀 게임에서 활용하고 있는 성격 찾기 설문은 페르조나(Persona) 방식에 근거한 것이다.

(3) 성격개발(Lynchpin) Game의 성격 유형

① 설문내용 – 강점 40개 항목, 약점 28개 항목 등 68개 항목임.
② 성격유형 – 주도형(Dominating Style)
　　　　　　우호형(Facilitating Style)
　　　　　　관리형(Controling Style)
　　　　　　분석형(Analytical Style) 등 4가지 유형임.

(4) 멘토와 멘제의 연결방법

① 가장 적합한 동일성격 – 동일성격끼리 연결 방법
② 무난한 보조성격 – 동일성격이 모자랄 경우 보조성격끼리 연결
③ 피해야 할 대조성격 – 가능한 대조성격끼리는 연결을 피해야 한다.

(5) 성격개발(Lynchpin) Game의 핵심사항

린치핀 게임에서 제일 중요한 핵심사항은 멘토와 멘제 상호간에 성격을 파악한 후에 바람직한 대응과 피해야 할 대응을 제대로 이해하고 멘토링 기간에 시행해야 한다. 그렇게만 한다면 상호 좋은

관계를 유지할 수 있을 것이다.

① 바람직한 대응(엔도르핀 나오는 경우) – 이런 내용을 접하게
   되면 더욱 좋은 분위기에서 실적이 향상된다.
② 피해야 할 대응(스트레스 나올 경우) – 이런 내용을 접하면
   스트레스를 받고 좋은 실적을 낼 수 없다.

2. 성격개발 진단표 작성

(1) 성격개발 진단표

① 이 설문 항목은 4가지 성격유형에서 강점 10개와 약점 7개
   를 선별할 수 있다.
② 가능한 4개 한 묶음에서 나에게 가장 거부감이 적은 1개씩을
   선택하라.
③ 그러므로 전체 68항목 중에 17개만 번호에 ○표 하면 된다.

No	설 문 항 목	No	설 문 항 목
1	행동이 적극적이다.	37	개방적, 쾌락적인 일을 좋아한다.
2	협력적이다.	38	상대방의 기분을 이해한다.
3	효율적이다, 능률적이다.	39	스스로 움직인다.
4	근면하다.	40	분석력이 뛰어나다.
5	매사에 열중한다.	41	본제에서 벗어난다.
6	가까이하기 쉽고, 친하기 쉽다.	42	결단이 느리다.
7	열심히 일한다.	43	남에 대한 배려가 부족하다.
8	매사를 면밀히 추진한다.	44	유연성이 결여되어 있다.
9	활기가 넘친다.	45	시간관념이 희박하다.
10	사교술이 능숙하다.	46	자기주장이 적다.
11	행동이 민첩 신속하다.	47	억지를 부린다.
12	논리적, 체계적이다.	48	결단을 내리는 데 시간이 걸린다.
13	대인관계에 능숙하다.	49	감정에 좌우된다.
14	코치나 상담에 능숙하다.	50	일에 대한 관심이 희박하다.
15	책임감이 강하다.	51	말투가 억세다.
16	질을 중시한다.	52	박력이 부족하다.
17	상대방을 몰두하게 한다.	53	기분이 변하기 쉽다(싫증나기 쉽다).
18	온화하다.	54	남의 일에 너무 신경을 쓴다.
19	늘 성과(결과)를 중시한다.	55	지나치게 자기중심적이다.
20	문제발견에 흥미를 느낀다.	56	혼자 일을 한다.
21	영감(inspiration)을 중요시한다.	57	정리, 정돈이 서툴다.
22	개인적인 정보에 강하다.	58	비약이나 모험을 노리지 않는다.
23	도중에 포기하지 않는다.	59	안색, 목소리, 표정이 빈약하다.
24	사실을 중시한다.	60	표정이 없는 편이다.
25	비약에 목표를 둔다(大志).	61	차근차근 책 읽기를 싫어한다.
26	소집단 활동을 즐긴다.	62	신속하지 못하다.
27	시간에 정확하다.	63	무리한 목표라도 도전한다.
28	지식, 정보를 수집한다.	64	보수적(비약하려 하지 않는다)이다.
29	민감하게 반응한다.	65	논리적으로 생각하기를 싫어한다.
30	긴장을 풀어 준다.	66	주저하기 쉽다.
31	간결하고 낭비가 적다.	67	냉담하다.
32	일을 제대로 처리한다.	68	사교성이 결여되어 있다.
33	미래지향적이다.		
34	분위기 조성을 잘한다.		
35	열정적이다.		
36	자기관리를 할 수 있다.		

(2) 성격 유형 집계표

앞 페이지에서 선택한 17개 항목의 번호를 아래 중에서 선택하면 귀하의 성격유형(Personality Type)은 가장 많이 집계되는 항목이다. 그러므로 주도형, 우호형, 관리형, 분석형 중에 하나가 된다. 설문 작성 결과에 만족하지 못할 경우에는 다시 작성도 가능하다.

4가지 성격유형 분석표

Dominating Style(주도형)	Facilitating Style(우호형)
1, 5, 9, 13, 17, 21, 25, 29, 33, 37, 41, 45, 49, 53, 57, 61, 65	2, 6, 10, 14, 18, 22, 26, 30, 34, 38, 46, 50, 54, 58, 62, 66
C ontroling Style (관리형)	Analytical Style(분석형)
3, 7, 11, 15, 19, 23, 27, 31, 35, 39, 43, 47, 51, 55, 59, 63, 67	4, 8, 12, 16, 20, 24, 28, 32, 36, 40, 44, 48, 52, 56, 60, 64, 68

(3) 성격 유형별 연결 기준

멘토와 멘제의 연결에서 가장 좋은 한 쌍(Best Pair)은 같은 성격 끼리 연결한다. 그러나 인원수가 맞지 않을 경우에는 무난한 한 쌍(Gold Pair)인 상호 보완되는 성격끼리 연결한다. 대조되는 한 쌍(Poor pair)은 가능한 연결을 피한다. 대조되는 성격도 사제 간(師弟間) 등 신분의 현저한 차이나, 10년 이상 나이 차이, 장기간이나 평생 멘토링에서는 크게 구애받지 않는다. 그러나 단기간이나 나이가 비슷한 사원 간의 멘토링에서는 생산성을 염두에 둔다면 대조 성격 간의 연결은 피하는 것이 좋다. 왜냐하면 대조 성격은 충돌 확률이 많기 때문이다.

3. 성격 유형별 대응방법

(1) 주도형(Dominating Style)의 대응

가) 기본욕구

| 칭찬 | 인정 |

나) 바람직한 대응(엔도르핀 유발)

① 흉금을 터놓기 위해 세상사나 농담으로부터 이야기를 시작한다.

② 상대방을 치켜세우거나, 최대한 관심을 표시한다. 내놓은 아이디어나 생각을 지지한다.

③ 크게 논의한다.

④ 정력적으로 신속하게 큰 소리로 이야기한다.

⑤ 다른 사람이나 저명인사의 의견을 인용한다.

⑥ 커다란 관점에서 이야기를 전개한다.

⑦ 목표달성 과정의 즐거움을 시사한다.

⑧ 경쟁심을 부추긴다.

⑨ 상대방의 꿈이나 아이디어에 관심을 표명한다.

다) 피해야 할 대응(스트레스 유발)

① 소극적이며 인정 없는 태도를 취하지 않는다.

② 자질구레한 이야기는 피한다.

③ 원리, 원칙이나 규칙을 고집하지 않는다.

④ 상대방을 비판하거나 설득하지 않는다.

⑤ 좋고 나쁨, 사실, 숫자 등을 고집하지 않는다.

⑥ 일만을 따지는 이야기가 되지 않게 한다.

라) 적극적으로 써야 할 말

① 급성장, ② 창조, ③ 차별화, ④ 영향력, ⑤ 이미지, ⑥ 인간

(2) 우호형(Facilitating Style)의 대응

가) 기본욕구

용납	수용

나) 바람직한 대응(엔도르핀 유발)

① 흉금을 터놓은 분위기로 개인에 관계된 이야기로부터 들어간다.

② 1:1로 대응하고, 개인적인 관심이나 목표를 끌어낸다.

③ 상대방에게 말을 시켜 의견을 끌어낸 뒤, 그의 말에 귀를 기울인다.

④ 상대방이 협력해 준 것에 대해서 감사표시를 한다.

⑤ 상대방에게 불안감이나 염려를 끼쳤다면 이를 제거한 뒤 격려한다.

⑥ 당신이 주도적으로 목표를 정하고, 압력을 가하지 않은 채 동의를 촉구한다.

⑦ 온화한 부드러운 말씨로 이야기한다.

⑧ 상대방의 생각을 적극적으로 받아들인다.

⑨ 결단을 내리는 데에 모험이 적음을 보증한다.

다) 피해야 할 대응(스트레스 유발)

① 일에 관한 이야기를 곧바로 하지 않는다.

② 냉담한 태도, 무관심한 태도를 나타내지 않는다.

③ 논리나 책략으로 반론을 펴지 않는다.

④ 지배적으로 군림하거나 과도한 요구는 하지 않는다.

⑤ 갈등을 빚지 않는다.

⑥ 곧바로 결론을 이끌어 내지 않는다.

라) 적극적으로 써야 할 말

① 인간, ② 서비스, ③ 팀워크, ④ 성실, ⑤ 커뮤니케이션, ⑥
가정

(3) 관리형(Controling Style)의 대응

가) 기본욕구

| 성취 | | 효율 |

나) 바람직한 대응(엔도르핀 유발)

① 일에 관한 이야기를 중심적으로 한다.

② 간결하고 알기 쉽게 이야기한다.

③ 시간을 정확히 지킨다.

④ 정력적으로 신속하게 이야기한다.

⑤ 목표와 결과를 늘 분명히 한다.

⑥ 상대방의 결단, 의사결정에 위임한다.

⑦ 선택하기 쉽게 조건의 수를 적게 둔다.

⑧ 성공할 확률을 사실이나 숫자에 근거하여 설명한다.

⑨ 주요 사실을 골라 논리적으로 재빠르게 나타낸다.

다) 피해야 할 대응(스트레스 유발)

① 시간낭비는 피한다(두서없이 지루하게 말하지 않는다.).

② 개인적인 문제나 개인의 생각을 내놓지 않는다.

③ 지시, 명령, 충고하는 말투를 쓰지 않는다.

④ 의문스러운 점이나 불명확한 점을 남기지 않는다.

⑤ 결론을 먼저 내지 않는다.

⑥ 잡담이나 세상사는 말을 하지 않는다.

라) 적극적으로 써야 할 말

① 결단, ② 시간, ③ 목표, ④ 이익, ⑤ 성공, ⑥ 통솔력

(4) 분석형(Analytical Style)의 대응

가) 기본욕구

안전	정보

나) 바람직한 대응(엔도르핀 유발)

① 일에 관한 이야기로부터 들어간다.

② 신중하게 천천히 진행된다.

③ 데이터, 자료 등 사전준비는 완벽하게 하여 대응한다.

④ 충분한 시간을 갖고 차근차근 이야기한다.

⑤ 구체적이고 실증적인 데이터로 정보를 풍부하게 주고 뒷받침
해 준다.

⑥ 상대방에게 생각할 수 있는 시간을 충분히 준다.

⑦ 뜻밖의 결과가 나오지 않게 하고, 모험이 적음을 보증한다.

⑧ 논리적 사실에 의거하여 체계적으로 설명한다.

⑨ 결론은 서면으로 남겨 둔다.

다) 피해야 할 대응(스트레스 유발)

① 상대방이 혼란될 만한 이야기는 피한다.

② 너무 과장된 이야기는 하지 않는다.

③ 치켜세우거나 너무 친숙하게 이야기하지 않는다.

④ 다른 사람이나 저명인사의 의견을 사용하지 않는다.

⑤ 책략이나 교묘한 수단을 쓰지 않는다.

⑥ 결단(의사결정)을 서둘지 않는다.

라) 적극적으로 써야 할 말

① 정보데이터, ② 보증, ③ 의무, ④ 손익, ⑤ 지식, ⑥ 정확

1. 감성개발(EQ) 게임 설문도구

다음 문항을 읽고 자신의 생각이나 행동에 어느 정도 일치하는 지를 체크하시오.

매우 동의한다: 3점   어느 정도 동의한다: 2점

약간 동의한다: 1점   전혀 동의하지 않는다: 0점

〈A〉

1. 나는 내 감정을 표현하는 데 별다른 어려움을 느끼지 않는다.

( )

2. 나는 새로운 일을 시작할 때 두렵거나 불안하지 않다. …( )

3. 친구가 나를 화나게 하면 나는 기분이 나쁘다고 말한다. ‥( )

4. 나는 평소에 내가 하고 싶은 일이 무엇인지를 알기 때문에 전공 선택 문제로 별로 고민하지 않는다. ·······················( )

5. 나는 내가 좋아하는 여자(남자)친구 스타일을 가지고 있다.
( )

6. 나는 감정과 행위가 다를 수 있다고 생각한다. ··············( )

7. 나는 성격뿐만 아니라 나 자신에 대해 너무나 잘 알고 있다.
( )

8. 나는 나 자신과 대화를 자주 하는 편이다. 가령, '나는 누구인 가?' '내가 왜 그랬을까'와 같이 자신과 대화하며 문제에 대 처한다. ··( )

9. 나는 언제나 내 자신의 능력에 맞는 목표를 세워 놓고 행동 한다. ···( )

10. 나는 내가 무엇을 원하는지 표현할 수 있다. ···············( )

A 점수 합계 ______점

〈B〉

1. 나는 성격이 침착하고 차분하다는 얘기를 많이 듣는 편이다.
( )

2. 얌체같이 갓길로 달리는 사람들을 보면 욕하기보다는 무슨 사정이 있어서 그럴 거라고 생각한다. ·······················( )

3. 식당에서 밥을 먹으려고 줄을 섰는데 누가 새치기를 하면 뭐라고 하기보다 배가 몹시 고프기 때문이라고 생각하여 참는다. ····( )

4. 맛있는 음식이 있어도 다른 가족들이 식탁에 앉기까지 먹지 않고 기다리는 편이다. ··( )

5. 누가 내 발을 밟아 놓고 사과하지 않더라도 나는 쉽게 화내지 않는다. ·· (   )

6. 나는 상대방이 어떻게 받아들일지 몰라 말을 함부로 하지 않는다. ··· (   )

7. 나는 물건을 살 때 충동적으로 사서 후회하는 일이 거의 없다. (   )

8. 나는 내 감정을 잘 조절할 수 있다고 믿는다. ················· (   )

9. 스트레스를 받더라도 나는 쉽게 흥분하지 않고 스트레스를 풀 수 있는 방법을 가지고 있다. ································· (   )

10. 나는 풍부한 정서 생활을 하고 있다고 생각한다. ·········· (   )

B 점수 합계 ______점

〈C〉

1. 세상은 노력한 만큼 얻을 수 있다고 생각하기 때문에 잘살고 못사는 건 모두 자기 책임이다. ································· (   )

2. 나는 어떤 일에 실패하면 그 원인이 무엇인지를 분석해서 대처하는 편이다. ··· (   )

3. 나는 내 능력에 맞는 목표를 스스로 세우고 그것을 달성하기 위해 노력한다. ··· (   )

4. 나는 '실패는 성공의 어머니'라는 말을 믿는다. ·············· (   )

5. 나는 내가 부족한 것이 무엇인지를 찾아 그것을 채우려고 한다. (   )

6. 집안이 어려워 대학에 가지 못할 상황이라도 대학에 가고 싶다면 나는 반드시 갈 수 있다. ······························· (   )

7. 여자(남자)친구에게 데이트 신청을 했다가 거절당하더라도 포기하지 않고 다시 도전한다. ┈┈┈┈┈┈┈┈┈┈┈┈┈┈┈ (　　)

8. 나는 평소 말과 행동이 다르지 않고, 내가 한 말을 그대로 실천하는 편이다. ┈┈┈┈┈┈┈┈┈┈┈┈┈┈┈┈┈┈ (　　)

9. 누군가 불쌍하다는 생각이 들면 나는 그 사람을 반드시 도와준다. ┈┈┈┈┈┈┈┈┈┈┈┈┈┈┈┈┈┈┈┈┈ (　　)

10. 나는 무언가 재미있는 일이 있으면 그것에 몰두해 시간 가는 줄 모른다. ┈┈┈┈┈┈┈┈┈┈┈┈┈┈┈┈┈ (　　)

C 점수 합계 ______점

〈D〉

1. 나는 다른 사람과 입장을 바꿔 놓고 생각하기 때문에 다른 사람이 무슨 생각을 하는지 잘 안다. ┈┈┈┈┈┈┈┈┈ (　　)

2. 나는 부모님이나 선생님, 친구들이 기분이 좋은 상태인지 나쁜 상태인지를 잘 판단한다. ┈┈┈┈┈┈┈┈┈┈ (　　)

3. 사람을 첫인상 가지고 판단하는 것은 옳지 않다. ┈┈┈┈┈ (　　)

4. 나는 내 주위 사람들이 나에게 무엇을 원하는지 잘 알고 있다.
(　　)

5. 나는 부모님이 단지 자존심 때문에 자식을 대학에 보내려는 것은 아닐 거라고 생각한다. ┈┈┈┈┈┈┈┈┈┈┈┈ (　　)

6. 나는 누가 섭섭한 말을 하더라도 그럴 만한 이유가 있을 거라고 생각하고 참는 편이다. ┈┈┈┈┈┈┈┈┈┈┈┈ (　　)

7. 나는 친구의 행동이 내 맘에 안 들더라도 그 친구에게 이런 저런 잔소리를 하지 않는 편이다. ┈┈┈┈┈┈┈┈┈┈ (　　)

8. 나는 사랑에 빠지더라도 친구나 가족이 눈에 들어오지 않는
   것을 이해할 수 없다. ……………………………………………( )

9. 나는 친구가 약속할 때마다 늦게 오더라도 뭐라 하기보다는
   늦을 만한 이유가 반드시 있을 거라고 생각한다. …………( )

10. 모처럼 친구와 등산을 가서 정상을 눈앞에 두었는데 친구가
    죽어도 못 올라간다고 하면 나는 친구와 함께 내려오겠다.

                                                              ( )

D 점수 합계 ______점

〈E〉

1. 나는 다른 사람들과 어울리는 것을 좋아한다. ……………( )

2. 나는 다른 사람이 기분 상하지 않게 내 의사를 잘 표현한다.

                                                              ( )

3. 나는 친구들의 말이 다소 논리가 없더라도 그것을 지적하지
   않고 이해하려고 한다. …………………………………………( )

4. 나는 다른 사람들과 슬픔과 기쁨, 분노와 같은 감정을 공유할
   줄 안다. ……………………………………………………………( )

5. 나는 사람들이 이기적이기보다는 이타적이라고 생각한다.( )

6. 나는 고정관념이나 편견이 맞을 수도 있지만 실제로는 맞지
   않는 경우가 더 많다고 생각한다. …………………………( )

7. 어떤 사람을 행동이나 말투를 가지고 판단하는 건 잘못된 것
   이다. ………………………………………………………………( )

8. 나는 토론할 때 다른 사람이 나와 다른 주장을 하더라도 그
   것을 불편 없이 받아들일 수 있다. …………………………( )

9. 나는 다른 사람이 나를 칭찬하든 비난하든 별로 개의치 않는 편이다. ……………………………………………………… (　　)

10. 친구가 약속 시간에 늦으면 약간 화를 내도 상관없다고 생각한다. ……………………………………………………… (　　)

E 점수 합계 ＿＿＿＿＿＿점

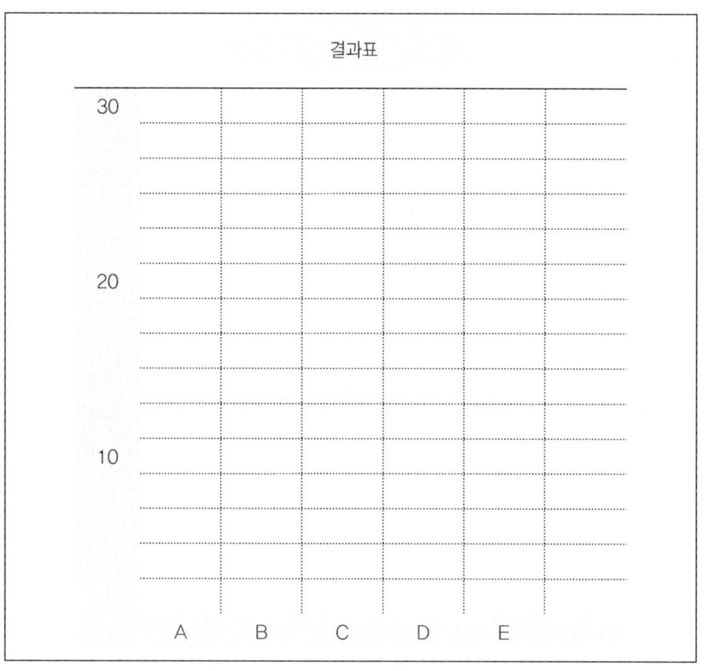

〈EQ계산공식〉 $\dfrac{(A \times 1.5) + (B \times 2.5) + (C \times 2.5) + (D \times 1.5) + (E \times 2.0)}{5} \times 3 = (\quad)$

(1) 나는 이런 사람!

① 150~180점 ➡ EQ 천재

이런 젊은이들은 자신의 감정을 잘 알고, 자기감정을 잘 다루고, 충동적으로 행동하지 않으며, 기분 나쁜 일이 있거나 스트레스를 받아도 곧 회복할 수 있다. 어떤 일을 계획할 때도 자신의 능력을 고려하며, 타인을 배려하는 측면이 많아 인간관계도 좋다. 연구 결과에 따르면 이런 유형의 사람들은 사회경제적으로 성공할 가능성이 높고, 성격이 낙천적이어서 매사를 긍정적으로 보기 때문에 정신적으로도 무척 건강하다. 어렸을 때부터 서로 격려하고 지지해 주는 가정환경, 학교 환경에서 자란 젊은이들 중에서 이런 높은 EQ 수준이 많이 나온다. 그러나 전체적으로 볼 때 이 점수에 해당하는 사람들은 전체 인구의 10% 이하이다. 만약 당신이 이 점수에 속해 있다면 희망을 가져도 좋다. 노력을 게을리하지 않는다면 아주 행복하고 아름다운 삶을 영위할 것이다.

② 126~149점 ➡ EQ 수재

대체로 높은 EQ 수준을 가지고 있다. EQ가 높은 사람의 특성을 많이 가지고 있다. 그러나 어떤 한 영역에 문제가 있을 수 있으므로 만약 다섯 가지 영역 중에 어느 한 영역에서 20점 이하의 점수를 받았다면 그 부분을 강화시키려는 노력을 해야 한다. 자기 삶에 충실하고 다른 사람을 잘 이해해 주는 사람들의 전형이라고 할 수 있다. 조금만 노력하면 아주 우수한 EQ 수준을 가질 수 있을 것이다.

③ 96～125점 ➡ 움트는 EQ에 불을 당기자

여기에 해당하는 젊은이들은 대개 자신의 문제를 분명히 할 수 있고 자기의 문제를 잘 다루고, 자신의 감정을 행동으로 잘 표현한다. 그러나 좋고 싫음이 너무 분명하고 그 기복이 심하여 정반대의 대인관계 경향이 뒤섞여 있다. 그래서 친구들에게는 친절하지만 집에서는 짜증을 부리기도 하고, 동성 친구들하고는 잘 어울리지만 이성 친구한테는 그렇게 못 할 수도 있다. 또한 긍정적이든 부정적이든 다른 사람들로부터 피드백을 받지 못하고, 매사를 선악으로 구분하려고 한다. 이따금 자신의 감정이 슬픈 건지 기쁜 건지, 화난 건지 두려운 건지를 모를 때가 있다. 그러나 이 점수에 속해 있는 젊은이들도 노력하면 EQ를 우수한 수준으로 높일 수 있다. 그러니 평소에 자기감정을 분명히 표현하고, 실패에 쉽게 좌절하지 말고, 매사를 흑백 논리로 보지 말고, 타인의 입장에 서서 생각하는 습관을 기른다면 아주 우수한 EQ수준으로 발전할 수 있다. EQ는 계발할 수 있다는 게 EQ를 계발한 존 메이어 박사의 얘기이다.

④ 60～95점 ➡ 잠자는 EQ를 깨우자

여기에 속하는 젊은이들은 EQ가 낮은 편이다. 자기감정을 잘 알지 못하고, 자기감정을 잘 조절하지도 못한다. 게다가 다른 사람의 아픔을 잘 헤아리지 못하고, 다른 사람의 얘기를 잘 듣지도 않는다.

그래서 자기감정을 조절하지 못하고, 인간관계가 원만하지 못해 사회적으로 성공할 가능성이 낮으며, 실패했을 때 실패를 극복하지 못하고 주저앉기 일쑤다. 경제적으로 독립할 가능성도 낮다. 이런 상태가 지속된다면 평생을 스트레스와 싸워야 하고, 다른 사람에게 피해를 주는 사람이 될 수도 있다. 그러므로 EQ를 계발하기 위해 적극적으로 노력해야만 한다.

자기 자신의 능력에 맞는 현실적인 목표를 세워 추진하고, 자신의 감정을 분명히 표현하고, 충동적으로 행동하지 않도록 노력해야 한다. 그리고 타인을 돕듯이 자신을 돕고, 비판에 너무 민감하게 반응하지 않도록 의식적으로 노력해야만 한다. EQ를 높이려는 노력이 절실하다.

⑤ 59점 이하 ➡ 낙심은 금물! EQ는 '하면 된다'

여기에 해당하는 젊은이들은 틀림없이 알 수 없는 덫에 걸려 있다. 자기감정을 이해하지 못함은 물론 다른 사람들의 감정을 헤아리지도 못한다. 그리고 충동적이고 이기적이어서 언제나 인간관계 때문에 고민하고, 이성보다는 열정에 사로잡혀 어떤 욕구가 일어나면 즉각적으로 만족시키려고 한다. 만약 EQ가 지금 상태로 유지된다면 당신은 분명히 후회할 날이 올 것이다. 그러므로 적극적으로 EQ를 높이려는 노력을 해야 한다.

(2) 유형별 분석

⌐__ 1형 - 그래프 모양이 이런 유형으로 나왔을 경우에는 자기 자신의 감정을 잘 이해하고 조절할 줄 알고, 실패를 성공으로 연결시킬 수 있는 특성을 가지고 있다. 하지만 다른 사람의 관점을 별로 배려하지 않고 자기중심적이어서 인간관계가 좋지 않다. 그러므로 다른 사람의 입장에 서서 생각하고 행동하도록 좀 더 신경을 써야 한다.

⎍ 2형 – 그래프 모양이 이렇게 나온 경우엔, 자기 자신에게 소홀하면서 다른 사람에게는 지나치게 신경을 쓴다. 심할 경우 자신을 부정하면서까지 다른 사람을 긍정하기 때문에 무조건 의존적인 행동을 하거나 지나치게 타인의 눈치를 볼 수가 있다. 그러므로 자기의 감정을 보다 분명하게 하면서 자기를 긍정할 수 있도록 자신의 능력을 키워야만 한다.

⋁ 3형 – 이런 유형의 결과는 자기감정을 잘 표현할 줄 알고, 자기감정을 조절할 줄도 안다. 그리고 다른 사람의 감정을 잘 이해하고, 인간관계에 필요한 사회적 기술이 뛰어나다. 하지만 실패했을 경우 쉽게 좌절하고 거기서 헤어나지 못하는 단점도 있다. 그러니 실패했을 때 너무 실망하지 말고, 실패를 면밀히 분석하여 목표에 재차 도전하는 습관을 기른다면 높은 수준의 EQ를 얻을 수 있을 것이다.

⋁⋁ 4형 – 이런 유형의 결과는 전반적으로 높은 EQ수준을 보여주지만, 자기감정을 조절하지 못하고 다른 사람의 감정을 무시한 채 행동한다. 충동성이 높아 쉽게 화를 내고, 사소한 것을 가지고 다투길 좋아하고, 욱하는 성질이 있기 때문에 행동하고 나서 후회하는 일이 많다. 게다가 다른 사람의 감정은 무시하고 자기중심적으로 행동하기 때문에 적을 많이 만들 수 있다. 그러므로 평소에 자기 화를 이겨 내고, 스트레스를 받았을 때 이완할 수 있는 방법을 개발하는 게 좋다. 그리고 다른 사람의 감정이 어떤지를 헤아려서 다른 사람의 감정도 배려하는 습관을 키워야 한다.

EQ는 IQ와는 달리 후천적으로 계발할 수 있다는 것이 큰 장점이다. IQ는 유전적인 영향, 어머니의 지능, 태내 환경에 의해 80% 정도가 선천적으로 결정되고 나머지 20% 정도가 후천적으로 결정된다. 그래서 노력해서 계발할 여지가 적다. 그에 비해 EQ는 20% 정도가 유전, 기질, 호르몬 등과 같은 선천적인 요소에 의해 결정되고 나머지 80% 정도가 후천적으로 결정된다. 그래서 노력해서 계발할 여지가 다분하다. 그러니 앞의 테스트에서 EQ 점수가 낮다고 좌절하지 말고 자신의 EQ를 높이려고 노력하라. 그러다 보면 자연스럽게 EQ가 높아질 것이다.

그러면 EQ를 계발하고 EQ점수를 높이는 방법에 대해서 알아보자.

(1) 나는 나만의 공간을 가지고 있는가?

EQ가 높은 사람들의 특징은 자기만의 휴식 공간, 사색 공간, 창조 공간을 가지고 있다는 점이다. 그러므로 자신의 공간을 확보하도록 노력하라. 그렇다고 집안형편을 무시하고 자기 방을 확보하라는 것은 아니다. 그런 행동 자체가 EQ가 낮은 사람의 행동이다. 자기만의 공간은 조용한 산책길, 공원, 옥상, 분위기 있는 카페와 같이 어느 곳이든 자기가 가장 편안한 곳이면 된다.

(2) 나는 나 자신과 대화를 하고 있는가?

EQ가 높은 사람들은 자신과의 대화를 즐길 줄 안다. 가령 일기를 쓰거나 글을 쓰면서 자신의 행동과 하루를 반성하는 게 좋다. 다시 말해 자기 삶을 스스로 피드백해 보아야 한다.

(3) 나는 취미 생활을 하고 있는가?

EQ가 높은 사람들은 자기 전공분야 이외에 한 가지 이상의 취미 생활을 하고 있다. 가령 학생이라면 좋아하는 운동을 하거나 동아리 활동을 하고, 직장인이라면 업무와 관련되지 않은 동호회 모임에 참여해서 활동한다. 물론 취미 활동에 너무 몰입해서 자신의 전공이나 업무에 영향을 주어서는 안 된다.

(4) 나는 규칙적으로 운동을 하고 있는가?

EQ가 높은 사람들은 건강관리를 위해서뿐만 아니라 규칙적인 운동을 통해 적대감, 스트레스, 공격성을 해소할 줄 안다. 일주일에 서너 번은 운동을 함으로써 스트레스를 풀어 주어야 한다.

(5) 나는 내가 되고자 하는 존경하는 인물이 있는가?

EQ가 높은 사람들은 존경하고 흠모하는 인물을 설정해 놓고 자기도 그런 인물이 되려고 노력한다. 지금이라도 내가 존경하는 인물을 설정하라. 그리고 그 사람과 같이 되려고 노력하라.

(6) 나는 상대방의 입장에 서서 생각하고 행동하는가?

EQ가 높은 사람들은 자기의 감정과 충동만을 앞세워 사랑을 표현하지 않는다. 그래서 상대방을 난처하게 하는 프러포즈를 하지도 않고 키스를 요구하지도 않는다. 성인의 경우에는 성생활에서 상대방의 기분과 감정을 배려할 줄도 안다. 항상 상대방의 입장에 서서 생각하고 행동하도록 노력한다.

(7) 나는 여행을 즐기고 있는가?

EQ가 높은 사람들은 출장이 아닌 여행을 즐기며 자연과 대화하는 걸 좋아한다. 여행을 통해 새로운 문화, 새로운 사람들을 접하고, 자연에 묻혀 자신의 감정을 편안하게 하는 습관을 가져라.

(8) 나는 평소 '욱'하는 기질이 있는가?

충동적인 행동은 하루아침에 자신을 무너뜨릴 수도 있다. 그러니 충동을 조절하는 습관을 길러라. EQ가 높은 사람들은 평소 나름대로 기(氣)운동, 이완 훈련, 종교 생활을 통해 자신의 충동성을 조절하려고 노력한다.

(9) 나는 스트레스 관리를 하고 있는가?

EQ가 높은 사람들은 평소 자신의 스트레스 관리를 잘하고, 스트레스로부터 빨리 벗어나는 특징을 가지고 있다. 특히 정신적인 노동을 하는 사람들은 스포츠나 노동 같은 신체적인 스트레스를 일부러 체험하는 게 좋다.

(10) 나는 세상을 긍정적으로 보려고 노력하는가?

EQ가 높은 사람들은 가능한 한 세상을 긍정적으로 보고, 다른 사람의 단점보다는 장점을 보려고 노력한다. 게다가 자신에게도 매우 긍정적이어서 죄의식이나 죄책감에 시달리지 않는다. 자기에게 너그러워지고 가능한 한 세상을 긍정적으로 보아라.

■ 학습정리

1. 감성개발 EQ는 전반적인 인간의 감성 능력 지수를 수치로 이해할 수 있다.
2. 감성지수를 분석하여 현재 자신의 EQ 상태를 알고 대응할 수 있다.
3. 감성개발에 유의사항 10가지를 활용하여 개선대안을 이해할 수 있다.

■ 학습평가

문1: 감성개발(EQ) 게임 설문도구 중 옳지 않는 것은?
① EQ 요소 중 자기감정을 이해하는 능력이 있다.
② EQ 요소 중 타인의 동기부여 능력이 있다.
③ EQ 요소 중 자기감정을 조절하는 능력이 있다.
④ EQ 요소 중 타인의 감정을 이해하는 능력, 인간관계 능력이 그것이다.

(답 ②) 자기 동기 부여를 할 수 있는 능력이며 참고로 EQ 요소는 자기에 관한 요소 3가지, 그리고 타인에 관한 요소 2가지가 있다.

문2: 감성개발(EQ) 결과에 대한 분석 중 연결이 옳지 않는 것은?

① 150～180점 ➡ EQ 천재

② 126～149점 ➡ EQ 수재

③ 96～125점 ➡ 움트는 EQ에 불을 당기자.

④ 60～95점 ➡ 낙심은 금물! EQ는 '하면 된다.'

(답 ④) 60～95점 ➡ 잠자는 EQ를 깨우자이다.
　　　　참고로 59점 이하 ➡ 낙심은 금물! EQ는 '하면 된다.'

문3: 감성개발(EQ) 방법 중 옳지 않는 것은?

① 나는 나만의 공간을 가지고 있는가?

② 나는 타인과 대화를 하고 있는가?

③ 나는 내가 되고자 하는 존경하는 인물이 있는가?

④ 나는 세상을 긍정적으로 보려고 노력하는가?

(답 ②) 나는 나 자신과 대화를 하고 있는가? EQ가 높은 사람들은 자신과의
　　　　대화를 즐길 줄 안다.

3장

1. 인격개발(Star) 게임 요약

One to One 멘토링은 단순한 지적 학습과정이 아니다. 사람을 개발하자는 것이다. 그것은 우리의 교육 대상 – 그들이 교육자이건, 경영인이건, 학자건, 주부이건, 직장인이건, 학생이건 – 을 어떤 위치로 한정하여 해석하는 것을 그만두는 것이다. 왜 그런가 하면, 어떤 존재이기 이전에 그는 인간이기 때문이다.

멘토링에서 사람개발은 '한 사람의 멘토(Mentor)가 한 사람의 멘제(Menger)에게 자신을 모델(Model)로 한 전인적(全人的)인 삶을 전이(轉移)하는 것'이다.

다시 전인적인 삶을 세분화(細分化)한다면 마음부분(Hightouch), 건강부분(Highhealth), 지적부분(Hightech), 자기관리부분(Highselfcontrol),

이웃관계부분(Highrelation)으로 나누었고 각 부분마다 10가지 설문(10설문×2점 만점＝20점)을 선정하여 자기 측정 방식으로 개발 기법(Tool)을 채택한 것이다.

여기에서 개인의 인재개발지수(PDI)는 5가지 부분마다 만점 20점을 지수로 하여 실제 자기 측정하여 얻은 점수를 역시 실제 지수로 활용토록 했다.

인재개발지수의 측정목적은 측정한 자료를 멘토와 멘제가 멘토링 활동하는 동안에 강점과 약점을 분명히 알 수 있으므로 그에 대한 충분한 대응책을 마련하여 5가지 부분의 지수를 업그레이드할 수 있는 것이다.

결국 멘토링에서 멘토는 멘제 한 사람을 위해 100% 역량을 발휘하여 그의 개성과 재능(Talent)을 최대한 발휘할 수 있도록 하여야 한다. 더욱 구체적으로 5가지 즉, 마음지수, 건강지수, 지식지수, 자기관리지수, 이웃관계지수 등 그의 인간 개발 지수(PDI)를 업그레이드해 줄 수 있는 사람이어야 한다.

Star Game 5가지 분야별 지수 목표

지수 목표/지수 분야		지수별 착안점		인간개발지수
① Hightouch(마음지수) ② Hightech(지식지수) ③ Highhealth(건강지수) ④ Highcontrol(관리지수) ⑤ Highrelation(관계지수)		포용력, 정서력, 봉사헌신력 지식력, 기술력, 정보력 정신과 신체의 건강력 의지, 절제, 판단, 분별력 조직원 간, 가족 간, 사회활동		만점 20점 만점 20점 만점 20점 만점 20점 만점 20점 합 100점 중( )
탁월 81 - 100	우수 61 - 80	보통 41 - 60	부족 21 - 40	문제 0 - 20

2. 인격개발(Star)게임 측정표

① 개인의 인재개발지수란, '내가 Star(고품격의 인재)로 얼마만큼 개발되었는가'를 아래 5가지 부분으로 자기(自己) 측정하는 것이다.

② 절대평가이기 때문에 설문에는 어느 것이 맞고 틀리다고 할 필요가 없다. 자기의 삶의 현장에서의 습관과 행동을 그대로 표시하면 된다.

③ 이 평가지는 남들과 비교하기 위한 것이 아니라 멘토와 멘제가 단지 멘토링 활동에서 인재개발지수를 업그레이드하여 상호간 개인발전을 하기 위한 참고 자료이다.

④ 다음의 각 설문이 당신의 경우에 얼마나 해당되는지 아래 점수를 기록하되 설문 한 개당 2점 만점으로 한다.

탁월	우수	보통	부족	문제
2	1.5	1	0.5	0

번호	High Touch 마음지수	점수
1	나는 타인을 위해 가능한 넓게 포용력을 발휘하는 편이다.	
2	나는 이웃을 위해 구체적으로 헌신 봉사한 사례가 있다.	
3	나는 다른 사람과 다툼이 있을 때 먼저 화해를 청한다.	
4	나는 아름다운 음악을 들으며 그 느낌을 머릿속에 상상해 보곤 한다.	
5	내가 해야 할 일은 힘들고 하기 싫더라도 분명히 해낸다.	
6	다른 사람이 나를 비판할 때 화가 날지라도 그 원인을 곰곰이 찾아본다.	
7	나는 업무나 학습 외에도 악기나 그림과 같은 특기나 취미를 한 가지 이상 가지고 있다.	
8	나는 타인을 책망하기보다는 칭찬을 더 많이 해 주는 편이다.	
9	다른 사람이 훌륭한 일이나 좋은 성과(성적)를 거두었을 때 진심으로 축하해 준다.	
10	나는 교양서적과 명상에 관한 글을 자주 읽는 편이다.	
	소 계	

번호	High Tech 지식지수	점수
1	내가 소지한 자격증을 활용하고 있는가?	
2	내가 소지한 지적 재산권(특허권 포함)을 활용하고 있는가?	
3	내가 소지한 업무 노하우(Know How)를 활용하고 있는가?	
4	내가 취득한 학위(학, 석, 박사 등)를 활용하고 있는가?	
5	내가 취득한 정보를 활용하고 있는가?	
6	내가 소지한 기술을 활용하고 있는가?	
7	나의 IT(정보기술 - 컴퓨터 인터넷 등) 실력은?	
8	내가 다루는 업무에서 전문서적을 활용하는 정도는?	
9	나의 자기개발을 위한 장단기 계획은?	
10	나의 외국인과 의사소통 수준은?	
	소 계	

번호	High Health 건강지수	점수
1	나는 정기적으로 건강을 위해 운동을 한다.	
2	나는 정기적으로 건강 진단을 받는다.	
3	나의 체중과 신체는 균형을 이루고 있다.	
4	나의 기상시간과 취침시간은 일정하다.	
5	나는 과로 등을 피하면서 정상적인 근무시간을 유지한다.	
6	나는 의료보험증 사용 빈도가 많지 않다.	
7	나는 건강에 무리하지 않게 휴식을 취한다.	
8	나는 건강에 좋은 음식을 고를 수 있다.	
9	나는 정신 수양을 위해 명상의 시간을 갖는다.	
10	나는 직장이나 가정 등에서 스트레스를 받으면 바로 풀려고 노력한다.	
	소 계	

번호	High Selfcontrol 관리지수	점수
1	나는 선(善)과 악(惡)을 판단할 수 있는 능력이 얼마인가?	
2	나는 진리(眞理)와 허위(虛僞)를 판단할 수 있는 능력이 얼마인가?	
3	나는 상(賞)과 벌(罰)을 판단할 수 있는 능력이 얼마인가?	
4	나는 혈기(血氣)를 절제할 수 있는 능력이 얼마나 있는가?	
5	나는 식욕(食慾)을 절제할 수 있는 능력이 얼마나 있는가?	
6	나는 성욕(性慾)을 절제할 수 있는 능력이 얼마나 있는가?	
7	나는 오락(娛樂)을 절제할 수 있는 능력이 얼마나 있는가?	
8	나는 시간(時間)을 계획하고 그대로 지키고 있는가?	
9	나는 나의 수입(收入)과 지출(支出)에 균형을 맞추고 있는가?	
10	나는 나에게 주어진 물자에 대하여 절감 의식이 어느 정도인가?	
	소 계	

번호	High Relation 관계지수	점수
1	나는 직장에서 선배와 인간관계가 좋은 편이다.	
2	나는 직장에서 동료와 인간관계가 좋은 편이다.	
3	나는 직장에서 후배와 인간관계가 좋은 편이다.	
4	나는 가정에서 부모님과 인간관계가 좋은 편이다.	
5	나는 가정에서 부부 또는 (미혼 경우) 형제자매와 인간관계가 좋은 편이다.	
6	나는 가정에서 자녀 또는 (미혼 경우) 친척들과 인간관계가 좋은 편이다.	
7	나는 동창회에 참석하여 두터운 관계로 사귀고 있다.	
8	나는 취미, 오락, 특기 등의 동호회에 참석하여 회원으로 활동한다.	
9	나는 업무상, 교제상 등 학회나 전문인 모임에서 교제를 넓히고 있다.	
10	나는 사회 건전 단체나 봉사 기관에 참석하고 있다.	
	소 계	

3. 인격개발(Star) 게임 Chart

(1) CHART 완성하기

Star Game 측정표에서 5가지 주제별로 각 지수(점수)를 먼저 확인하고 다음 단계로 들어간다. 아래 별을 보면 각 꼭지 별로 10칸씩 나눠 있음을 발견할 것이다.

그러면 각 지수별의 만점은 한 꼭지당 20점이므로 한 칸에 2점씩 배점하여 실득점수를 가지고 큰 별 속에서 작은 별(실제득점지수)을 그리면 멘토와 멘제의 별(Star)이 시각화(視覺化)된다.

- 멘토:
- 멘제:
- 작성일자:

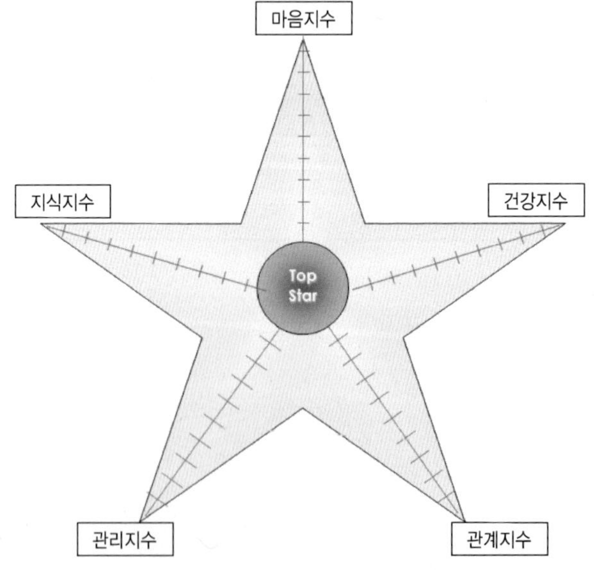

(2) 인격지수 대안

- 인격점수 목표 점수 찾기: 100점 만점의 인격개발 점수를 계산 후 금번 자신이 득점한 점수를 감하면 목표 점수를 찾을 수 있다.
  예: 100점 - 자신 현재 득점수 = 목표점수
- 목표 점수 달성에 참고할 사항은 앞으로 멘토링 활동 기간에 0점이나 0.5점 처리한 설문을 우선적으로 다루면 목표 점수 달성에 유리하다.
- 아래 표에 0점이나 0.5점 처리한 설문을 기록하고 멘토/멘제가 상의하여 각각 점수 올리는 토의를 하기 바란다.

Idea 집계표

NO	0점이나 0.5점 설문 항목	점수 올릴 대안
1		
2		
3		
4		
5		
6		
7		
8		
9		
10		
11		
12		
13		
14		
15		
16		

(3) 인격지수 목표 실천카드

■ 개인 인격 목표달성 실천카드 작성 게임

멘토와 멘제가 멘토링 활동기간에 시행 가능한 사항을 주제별 아이디어 중에서 5가지 이내로 선택한다. 반드시 주제에 맞고 그리고 타임테이블(Time Table)을 적용하여 작성해야 한다.

- 멘토(Mentor): ________인
- 멘제(Menger): ________인
- Mentoring 기간: 200________200________

소속:

Mentor 실천카드( )		Menger 실천카드( )
주제별	실천사항	
마음	1 2 3 4 5	
지식	1 2 3 4 5	
건강	1 2 3 4 5	
자기관리	1 2 3 4 5	
인간관계	1 2 3 4 5	

Part

07

여성개발 활성화 전략(Strategy)

효율적인 인적자원관리제도가 곧바로 기업의 경쟁우위와 직결될 수 있다. 기업과 조직체에서 일하는 여성이 증가하고 여성관리자도 증가하고 있는 때에, 여성인적자원의 효율적 개발은 기업의 경쟁력을 제고시킬 수 있다는 점에서 여성관리자 개인뿐 아니라 기업에 있어서도 중요한 의미를 갖는다.

여성에 대한 승진차별을 제거하고 여성관리자를 육성하기 위하여 미국을 비롯한 선진외국에서는 리더십과 경력개발, 여성의 배치전환과 비전통적인 분야에의 배치, 멘토(후견인)제도의 운영, 관리직에서 다양한 인적구성을 달성하기 위한 관리자에 대한 책임프로그램제도, 인력의 다양성이 가진 의미를 알리려는 인식프로그램, 일과 가정생활의 조화를 위한 탄력적 근무제, 육아휴직제, 가족간호휴직제와 같은 가족친화적인 제도 등의 다양한 조치를 채용하면서 소위 유리천정 제거를 위해 노력하고 있다.

오늘날 일하는 여성을 위한 환경이 변화되고 있으나 아직도 남성에 비교해 커리어 개발에서 곤란을 겪는 여성에 대해서 특히 멘토링(mentoring)의 문제를 효율적인 차원에서 검토하고자 한다.

1. 여성의 경력개발과 멘토링
2. 여성개발 활성화 e – mentoring
3. 여성공무원 활성화 멘토링

1. 서론

21세기 환경 변화의 가장 큰 특징은 디지털화와 글로벌화에 따른 지식기반 사회의 등장이다. 특히 디지털 기술 발전의 핵심인 인터넷은 상상을 초월하는 변화와 파급 효과로 경제, 정치, 문화 전반에 걸친 사회의 패러다임을 바꾸었다.

한국노동연구원의 연구보고서(한국노동연구원, 2000)에 의하면 우리나라는 IMF를 기점으로 이러한 패러다임 변화가 극명하게 나타났다. 그중에서도 변화한 인적자원관리의 패러다임은 내부노동시장 중심에서 외부노동시장 중심으로, 집단 및 연공 중심에서 개인 및 성과 중심으로, 사람 중심에서 일 중심으로, 인사부서 중심에서 현장 관리자 중심으로, 국내 중심에서 세계 중심으로, 수직 구조에서 수평 구조로, 표준형 인재 중심에서 전문형 인재 중심으로와 같은 특성을 보여 주고 있다.

이와 같은 21세기형 인적자원관리의 패러다임은 기업과 개인 모두에게 큰 충격으로 다가왔다. 기업은 경쟁력 있는 사업과 제품을 통해 시장을 주도하는 기업만이 생존과 발전을 할 수 있다는 사실을 심각하게 인식하였고 조직을 위한 핵심 역량을 지닌 우수인재 확보 및 인재개발육성의 필요성을 절대적으로 느끼게 되었다.

한편 IMF 과정을 겪으며 기업의 구조조정과 정리해고제 실시 등을 경험한 개인은 조직과 기업에 충성하기보다는 미래를 대비할 수 있는 자신의 경력개발과 가치향상을 가장 우선시하게 되었다. 이른바 평생직장시대에서 평생직업시대로 전환된 패러다임 상황에서 조직에 대한 충성보다는 오히려 자신의 전문성을 갖춤으로써 몸값으로 표현되는 잠재적 고용 가능성을 높이는 데 더 많은 관심을 갖게 된 것이다. 조직이 고용안정을 보장할 수 없게 됨에 따라서 개인은 자신의 가치와 경력개발을 위해 가능하다면 이직을 고려하는 것도 자연스러운 현상이 되었다.

동아일보가 DBM 코리아와 공동으로 실시한 설문조사에서 이러한 현상을 확인할 수 있는데 설문결과에 의하면 직장인의 이직의 주요원인으로 '자기 능력 및 경력개발 기회 부족(33%)', '수행업무에 대한 불만(10%)' 등이 제시되어 있으며 자신만의 독특한 영역을 개척하려는 성향이 강한 신세대들에게서 이러한 현상이 더 높이 나타났다.

이러한 현실 상황하에서 기업은 조직에 적합한 유능한 능력을 지닌 인재를 확보하고 확보된 우수인재의 정착 및 핵심인재로 육성하여 효과적인 인적자원 관리를 통해 조직 경쟁력을 강화할 뿐만 아니라 조직 구성원의 성장과 경력개발을 위한 경영전략의 일환으로 멘토링을 적극적으로 도입하고 있다.

이 장에서는 21세기 기업의 경쟁력 강화를 위한 HRM & HRD 관점과 구성원의 개인성장 및 경력개발을 위한 멘토링과 여성의 경력개발을 연계하여 주요 개념을 살펴보고자 한다.

2. 경력개발과 멘토링에 관한 이론적 고찰

(1) 경력개발에 대하여

경력과 경력개발은 연구의 관점과 연구자에 따라 다르게 개념과 정의가 내려질 수 있다. 경력과 관련하여, 대표적인 연구학자인 Hall은 생애를 통하여 경험하는 직업에 관련된 모든 활동과 역할이나 지위의 연속이라고 정의하고 있다(Hall, 1976). 즉, 경력이란 일생에 걸쳐 지속되는 개인의 일과 관련된 경험이며, 경력개발이란 개인이 비교적 독특한 과제로 특징되는 단계들을 통해 앞으로 나아가는 지속적 과정으로 정의하며 5단계로 구분할 수 있다.

1단계: 일을 위한 준비인 직업선택은 자신에게 맞는 직업이미지를 개발하고 가능한 직업을 찾으며 직업을 결정하는 단계로 25세 이전,

2단계: 자신이 선택한 경력분야에서의 직무와 조직을 선택하는 단계는 18~22세,

3단계: 경력분야에서 자신을 확립하고 능력과 인정을 성취하려는 경력초기 단계는 25~40세,

4단계: 자신의 경력과 삶의 과정을 재평가하고 미래를 위해 수정하는 경력중기 단계는 40~55세,

5단계: 마지막으로 만족할 정도의 업무 생산성과 자족심을 유지하고 퇴직할 계획을 세우는 경력 말기의 55세 이후의 다섯 단계로 구분될 수 있다.

이러한 구분은 지식정보화 사회의 패러다임 변화에 따라 시대적 특성과 대상들의 특성을 반영하여 적용시킴이 요구된다.

한편 조직 내의 경력개발이란 한 사람이 입사에서부터 퇴직에 이르기까지 경험하거나 수행하는 직무를 통한 개발활동 등을 포함하고 있다. 이는 구성원 측면에서 보면, 자신의 경력목표를 설정하고 그 달성을 위한 활동이며, 조직 측면에서 보면 구성원의 잠재력을 개발하고 성장시켜 나가는 종합적인 인재 개발 활동으로 볼 수도 있다.

Schein은 개인이 조직에서 경력 닻 개념을 적용하여 경력개발을 지향하게 되는데, 전문역량 닻, 관리역량 닻, 자율성 및 독립성 닻, 안전 및 안정 닻, 서비스 및 헌신 닻, 도전 닻, 라이프스타일 닻, 기업가 정신 닻 등이 포함되어 있다(Schien, 1985).

이상에서도 볼 수 있듯이 경력개발은 연구관점이 개인과 조직 등 관점에 따라 달라질 수 있다. 개인차원에서의 경력개발은 직업, 직장 및 직무의 선택, 선택한 직장과 직무에서 각자가 성취하고자 하는 경력목표의 확인과 이를 달성하기 위한 경력계획의 수립, 그 계획을 실행하는 단계인 자기계발을 의미한다.

조직차원의 경력개발은 조직의 비전을 실현할 구성원의 전문 영역과 능력을 개발시켜 이들의 시장 가치를 높이고 궁극적으로는 조직이 필요로 하는 인재를 확보하는 과정이라고 할 수 있다.

(2) 멘토링에 대하여

멘토링이란 상이한 수준의 전문기술을 가지고 있는 멘토와 멘제로 이루어진 두 명의 개인들 사이의 상호작용 관계를 의미한다.

멘토는 전문지식과 경험을 가지고 있는 조직 내의 상사 및 구성원으로서 멘제를 위한 지원을 약속한 사람을 뜻한다. 멘제는 멘토의 도움을 받아 업무 및 조직 생활과 관련된 지식과 태도 등을 포함하여 개인적인 고민 상담까지 받는 사람을 뜻한다.

멘토링은 3가지 기능으로 진행되는데 전문적 차원에서 경력 관련 기능(Career Functions), 정서적 차원에서 심리사회적 기능(Psychosocial Functions) 및 의지적인 차원에서 역할모형 기능(Role Modeling Function)으로 분류할 수 있으며 내용은 다음과 같다.

첫째, 경력 관련 기능은 멘제가 직무와 관련된 역할을 적절히 수행하는 데 도움을 주고 조직 내에서의 승진 또는 경력개발을 도와주는 것을 의미하며 후원, 노출 및 소개, 지도, 보호, 도전적 업무부여 기능 등을 포함하고 있다.

둘째, 심리사회적 기능은 멘토와 멘제 상호간의 신뢰를 바탕으로 멘제가 조직 생활을 영위함에 있어서 자신감을 갖도록 도와주고 복잡한 조직 내 외부의 상황에서 자아에 대한 정체성을 갖도록 하는 데 도움을 주는 기능을 말하는 것으로 조직 내의 활동에만 제한되지 않고 인생 전반에 걸쳐 영향을 미치는 기능이다.

셋째, 역할모형 기능은 멘토가 조직에 진입하는 멘제들에게 조직 내에서 업무를 수행하거나 역할을 이행할 때 역할 전수자로서 적절한 행동방식과 태도, 가치관 등을 전해 주고, 멘제는 이러한 멘토를 바람직한 역할 모형이나 준거의 틀로 설정하고 닮아 가는 것으로 조직 내 멘제의 역할 수행에 있어서 도움을 주는 기능을 말한다.

멘토링은 다양한 유형으로 진행되고 있는데 운영하는 주체 여부에 따라 공식적 멘토링(Formal Mentoring)과 비공식적 멘토링(Informal Mentoring)으로 구분할 수 있다. 공식적 멘토링은 조직의 운영주체에 의해 모든 멘토링 활동이 진행된다. 공식적 멘토링을 활용하는 이유는 조직 내에서 자연스럽게 멘토링 관계가 이루어지기 어렵기 때문이다. 공식적 멘토링은 조직이 멘토링 과정을 관리하여야 하기 때문에 상당한 시간, 비용 및 관리 노력 등이 소요된다. 이에 비해 비공식적 멘토링은 멘토와 멘제 간에 상호 신뢰를 기반으로 운영되며, 자율적으로 멘토링이 진행되며 조직차원에서 큰 비용이 들지 않고, 모든 구성원들이 동등하게 멘토링 기회를 얻을 수 있다.

멘토링은 멘토와 멘제의 참여 숫자에 따라 기본적으로 멘토 1명과 멘제 1명에 의해 진행되는 멘토링, 다수의 멘토와 멘제 1명으로 진행되는 멘토링, 멘토 1명과 다수의 멘제로 진행되는 경우 등이 가능하다.

멘토링의 효과는 멘제, 멘토 및 조직 모두에게 긍정적인 효과가 있다고 밝히고 있다. 이와 같은 선행 연구의 내용들을 종합하여 멘토링 효과를 정리하면 다음과 같다.

첫째, 멘제 차원에서 얻게 되는 멘토링 효과는 경력개발에 대한 비전수립 및 지식을 많이 획득하게 됨으로써 높은 수준의 초기 경력 성공과 경력 달성 등을 경험할 수 있다. 그리고 조직적응력이 향상되고 조직생활에서 겪을 수 있는 시행착오를 줄일 수 있다. 또한 업무와 관련된 스킬과 지식을 습득하게 됨으로써 직무만족도가 높아지고 경력몰입도도 향상될 수 있다. 멘제의 경력개발과 자신의 가치향상을 인정하게 되고 따라서 이직의도가 감소하게 된다. 조직생활의 적응력도 높아지게 되고 멘토링을 통한 능력 있는 멘토와의 인맥형성은 유리한 조직생활을 할 수 있게 해 준다.

둘째, 멘토 차원에서 얻게 되는 멘토링 효과에 대해 살펴보면, 멘토는 멘제가 조직에서 성장할 수 있도록 경력개발을 지원하고 지식과 경험을 제공함으로써 경험이 부족한 멘제에게 다양한 기능을 제공하게 된다. 그리고 이러한 멘토링 진행에 따른 보람을 느끼게 되며 상사나 동료 또는 조직으로부터 신뢰와 인정을 얻게 된다. 또한 성장 가능한 잠재력 있는 멘제가 조직 내에서 훌륭히 성장해 갈 수 있도록 선배 역할을 한 것에 대한 내적 만족을 경험하게 되며, 멘제의 경력을 후원함으로써 자신의 권력기반을 수립하고 조직의 활동영역을 확장할 수 있다. 그리고 멘토의 직위를 유지하는 데 요구되는 지식의 축적에 멘제가 기여함으로써 멘토는 자신의 직위에 필요한 지식 및 정보를 쉽게 얻을 수 있게 된다. 그리고 결과적으로 멘토링을 통해 리더십 역량도 향상할 수 있다.

셋째, 조직차원에서 얻게 되는 멘토링 효과에 대해 살펴보면, 신입사원의 조직 몰입 향상과 원활한 조직사회화로 인해 이직률이 감소될 수 있다. 멘토링을 통한 핵심인재육성과 현장실전학습을 겸한 인재육성이 이루어질 수 있다. 그리고 멘토 역할을 통해 구성원의 리더십 역량을 강화할 수 있다. 구성원 상호간의 신뢰가 바탕이 되며 학습조직이 가능한 조직문화 형성이 가능하다. 멘토링과 HRM/HRD의 연계를 통해 기업의 경쟁력도 강화될 수 있다.

국내 공식적 멘토링을 실시하는 기업의 멘제들을 대상으로 멘제의 경력개발과 이직의도에 대하여 조사하여 본 결과 멘토링은 멘제 차원에서 매우 긍정적인 효과를 나타내는 것으로 밝혀졌다.

(3) 경력개발과 멘토링

밝혀진 멘토링의 효과 중에서도 멘제의 경력개발에 긍정적인 관계가 있고 멘토링의 경력 관련 기능은 멘제의 경력개발에 직접적인 영향을 끼치고 있다.

즉 멘토가 있는 멘제는 멘토가 없는 일반 조직 구성원보다 경력개발이 더 잘 이루어지는 것으로 보고하고 있다. 멘토링 경험자들의 경우에도 멘토링에 높은 만족을 보인 멘제가 더 높은 경력몰입을 보이는 것으로 나타났다. 멘토링이 멘제의 경력만족을 증가시키고 있으며 멘제의 초기 경력 발전에 긍정적인 영향을 주는 것으로 나타났으며 멘토링 기능 중 경력 관련 기능이 멘제의 초기 경력개발에 많은 효과가 있는 것으로 나타났다.

한편으로 도전적인 업무부여와 노출 및 후원 등을 제공하는 멘토링 기능은 멘제의 경력만족에 정(+)의 영향을 미치고 있음을 밝히고 있다. 성공적인 공식적 멘토링은 멘제의 경력성공에 대한 지각과 경험을 향상시킬 수 있으며, 조직을 떠나고자 하는 이직의도도 감소시킬 수 있다.

3. 여성의 경력개발과 멘토링

(1) 노동시장 변화와 여성인력

지식정보화사회에서 국가 및 기업의 경쟁력은 전문성 및 창의성을 갖춘 인재에 의해서 좌우되고 있는데, 그동안 적극적으로 활용하지 못했던 고급 여성인력의 활용이 국내적으로 매우 중요하게 되었다. 일반적으로 여성인력 활용의 필요성은 산업구조적 측면에서 서비스업의 구성비가 지속적으로 증대되어 여성인력 수요가 지속적으로 확대되는 점과 인구 구조적 측면에서는 출산율 저하로 인한 추가적인 노동력 확보를 위해서도 매우 중요하다. 아울러 보다 더 중요한 이유는 여성의 고학력화가 빠르고 높게 진행되어 고급 여성인력의 공급이 확대되고 기업에서도 전문성과 창의성을 지닌 고급 여성인력의 활용을 통해 경쟁력을 향상시키고자 하는 것이다. 이와 같은 내용은 최근 대기업과 다양한 직종으로 대학을 졸업한 고급 여성인력이 증가하고 있는 추세로 나타나고 있다.

그러나 아직도 우리나라의 고급 여성인력의 활용은 여전히 여러 가지 불리한 현실 상황에 놓여 있다. 대졸 여성을 위한 취업 입문의 높은 장벽, 취업 후에 대졸 여성의 상당수가 출산과 육아를 계기로 퇴직을 결정하고, 육아 후 노동시장으로 재진입하는 경우 대부분 임시직, 비정규직으로 취업하고 있는 실정 등을 포함하고 있다. 즉, 고급 여성인력 활용의 큰 장애요인은 수적으로 불리하여 열세에서 출발하고 결혼과 육아 등으로 인한 경력단절은 승진기회에서 상대적으로 불리하게 된다. 사기와 생산성이 떨어진 여성인력은 출산과 육아의 부담을 이기지 못하고 직장생활과의 병행을 포기하며 경력단절은 조직 내부적으로 여성인력에 대한 투자와 활용증대를 가로막는 근거를 제공하여 여성인력활용의 악순환 고리가 되고 있다.

(2) 여성의 경력개발

현재까지의 대부분의 경력개발에 관련된 연구는 서구의 백인 중산층 남성을 대상으로 이루어져 왔다. 따라서 여성의 경력개발에 관한 연구는 상대적으로 미흡한 실정이며 국내에서도 연구의 필요성이 대두되고 있다. 여성의 경력개발과 관련된 연구는 남성과 여성의 직업결정에 접근하는 과정에서 차이점이 있으므로 기존의 경력개발이론 및 연구가 여성에게 적용될 수 있는지에 대하여 의문을 제시하고 있다. 즉, 경력개발과 관련한 현재의 이론에 의하면, 여성은 남성이 경험하는 것과는 다른 기회나 문제에 직면하기 때문에 여성의 경험에 적합하지 않고 따라서 백인 남성이 직장과 직업에서 성공하기 위한 요건과 여성이 성공하기 위한 요건이 동일하지 않다고 주장하고 있다(Leong, 1995). 반면 Fitzgerald와 Crites는 여성의 경력개발 과정은 기본적으로 남성과 동일하다고 주장하고 있다(Fitzgerald & Crites, 1980).

이러한 연구들과 함께 일반적으로 여성은 여성과 관련된 직업의 선택, 일과 가정생활, 직업과 조직 내에서의 자신의 역량 및 발전, 사회적 지원 여부 등을 경력개발과 관련하여 고려하며 인생 전반에 대한 성찰이 우선적으로 이루어진 후에 직업을 선택한다는 주장도 있다.

이러한 내용들에서 볼 수 있듯이 기존의 경력개발 이론을 보완하여 다양한 소집단이 영위하는 삶과 직업의 다양한 측면을 포괄하는 다차원적 경력개발 연구가 필요하며, 여성을 단일한 하나의 집단으로 파악하는 한계를 넘어서서 동질적인 경력요구를 갖는 소집단으로 구분하여 각각의 경력경로를 파악하고 이에 기반을 둔 새로운 경력개념과 단계별 경력개발이 이루어져야 한다는 의견도 제시되고 있다.

(3) 여성의 경력개발과 멘토링

성별과 관련된 멘토링 연구들은 대부분 백인 남성 멘토와 남성 멘제 간의 연구에 초점을 두고 진행되었지만(Levinson & Darrow et al., 1978), 멘토링과 성별에 관련된 몇몇 연구들은 멘토링에서 성의 효과성에 차이가 있는지에 초점을 맞추어 진행되었다.

Shapiro와 동료들(1978)의 연구에서는 성별에 기반하여 멘토-멘제 관계의 유형을 4가지로 구분하여 연구를 진행하였는데 여성과 관련한 멘토와 멘제 조합보다도 남성 멘토를 가진 남성 멘제가 가장 많이 상위 직위로 승진하였다고 보고하고 있다.

Ragins(1997)의 연구결과는 남성 멘토와 여성 멘제의 관계는 심리사회적 그리고 역할모형 기능을 제공하는 데에는 다소 미흡하였지만 경력개발 기능은 많이 제공하는 것으로 보고하고 있다.

여성 멘토와 남성 멘제의 관계에서는 경력 관련 기능, 심리사회적 기능 그리고 역할모델 기능 등 모든 면에서 한계가 있으며, 반면에 남성 멘토와 남성 멘제의 관계에서는 세 가지 멘토링 기능을 균형 있게 제공하고 있었다고 밝히고 있다.

여성 멘토, 여성 멘제의 관계에서는 경력개발 기능 제공에는 미흡하였지만 심리사회적 및 역할모델 기능은 상대적으로 더 제공하고 있었다.

Sosik와 Godshalk(2000)는 멘토가 여성인 멘토링에서는 남성 멘토인 멘토링에 비해 멘제에게 경력개발 기능을 덜 제공하는 것으로 보고하고 있다.

Allen과 Eby의 연구(2004)는 남성 멘토는 남성과 여성에게 비슷한 정도의 심리사회적 멘토링을 제공하는 반면, 여성 멘토는 여성에게 더 많은 심리사회적 멘토링을 제공하는 것으로 결과를 보여주고 있다.

Noe(1988)와 Burke(1984)는 동성 간의 멘토링 관계는 이성 간의 멘토링보다 더 많은 심리사회적, 역할모형 기능을 제공하며, 경력 관련 기능을 제공하는 데 있어서는 차이가 없다는 연구결과를 제시하고 있다.

이상의 내용에서 볼 수 있듯이 멘토링 효과는 성별로 다양하게 나타나고 있으며, 여성의 경력개발에도 긍정적인 관계가 있는 것으로 선행 연구들은 밝히고 있다.

국내 금융직 관리자를 대상으로 하여 진행된 멘토링 연구에서도 멘토링은 여성 관리자의 경력개발에 도움을 준다고 보고하고 있으며, 초기경력과 중후기 경력의 양 기간 멘토를 갖고 있는 여성은 멘토를 전혀 갖지 않은 여성에 비해 경력 성공의 척도라 볼 수 있는 직무수행 의욕, 경력만족, 승진, 능력 활용 등에 대한 만족이 높게 나타나고 있다.

한편, 현실적으로 멘토링 진행은 멘토와 멘제가 동성으로 이루

어지는 것이 이성 간에 이루어지는 멘토링에 비해 심리적인 부담
을 덜 주는 것으로 지적되고 있다.

4. 결론

"성공한 여성은 멘토가 있다."라고 멘토링 관련 연구 및 서적은
밝히고 있다. 고급여성 인력의 사회진출이 점차 늘어나며 조직 내
에 유리천장이 존재하고 있는 현실에서 여성의 경력개발을 위한
대안으로 멘토링이 부각되고 있다. 능력을 갖추고 있는 여성이라고
해도 경력개발의 기회를 상실하여 덜 중요한 부서 및 직무를 담당
하게 되고 핵심적인 네트워크에서 배제되어 정보를 공유할 수 없
게 되는 악순환을 겪게 된다. 이러한 문제를 해결하고자 신입사원
으로 입사하였을 경우는 물론 각 경력단계마다 적절한 멘토링이
이루어질 수 있도록 하여야만 한다.

이와 같이 고급 여성 인력활용을 위해 국가와 조직 차원에서 지
대한 관심을 보이고 있는 가운데 정부 차원에서는 여성부의 출범
과 더불어 여성을 위한 공익사이트로서 위민넷(Women – net) 사이
트를 구축하고 여성들의 직업의식 고취, 다양한 분야의 여성 역할
모델 제공, 전문직 여성들의 지식과 경험 공유, 네트워크를 통한
사회적 유대형성 등을 제공할 목적으로 멘토링을 도입하여 진행하
고 있다. 또한 기업에서도 기업경쟁력을 강화하기 위한 우수 인재
확보 및 육성개발의 대안으로 멘토링을 적극적으로 도입하고 있는
추세인데 멘토링에 참여하는 여성들도 증가하는 추세이다.

멘토링을 통해 여성의 사회진출을 지원하고, 조직 내에서 여성 인력의 경력개발을 지원하며, 성공한 여성의 역할 모델을 제시하는 등 여성을 위한 유대관계 형성 및 네트워킹의 활성화를 위해서도 멘토링은 훌륭한 경영의 수단으로 활용될 수 있다.

이러한 멘토링이 여성의 인력활용을 위하여 성공적으로 운영되기 위해서는 멘토링의 장애요인으로 제시되고 있는 여성 멘토의 부족 해결과 효과적인 운영을 위해 앞으로 다양한 차원의 연구가 이루어져야 한다.

2장

1. e-멘토링 시스템의 개요

e-멘토링이란 e-mail이나 온라인 게시판과 같은 원격의사소통 매체의 이용을 통하여 멘토와 멘제 간의 주요한 접촉이 이루어지는 멘토링 관계나 프로그램을 말한다. 이러한 e-멘토링은 멘토를 구하기 어려운 여성이나 소수민족이 유용하게 활용할 수 있다.

조직구조, 대인관계 기술, 교차-성 관계, 인종의 차이 등의 장애로 멘토를 찾고 멘토링 관계를 맺는 것은 쉬운 일이 아니다. 특히 여성의 경우, 남성에 비해 초기 멘토링 관계를 형성하기 어려우며, 성(性)적인 부분들과 관련되어 교차-성 간의 개인적인 관계를 맺는 것에 두려움을 느끼고 있다.

e-멘토링은 가상의 공간에서 멘토링이 진행되기 때문에 잠재적

멘토의 수를 증가시킬 수 있고, 사회적 편견으로 인한 멘토 관계 형성의 장애 요소들로부터 자유로울 수 있다.

e - 멘토링 시스템은 기존에 면대면이나 전화를 통해서 활동했던 멘토링 시스템과 비교하여 시간과 공간의 제약이 없고, 만나지 않고도 지도받을 수 있기 때문에 고립된 사람에 대한 멘토링도 가능하고 그룹 멘토링이나 다수의 멘토로부터의 지도를 가능하게 한다.

이는 멘토링 활동의 빈도를 높아지게 하며 비교적 단기간에도 멘토링을 가능하게 한다. 사이버상에서 진행되는 e - 멘토링은 면대면 멘토링에서 필연적으로 갖게 되는 사회계층 간의 불균형에 따르는 선입견을 줄일 수 있어 진정한 인격적 관계로의 멘토링을 가능하게 한다.

또한 멘토링 활동의 기록이 남아 더 체계적이고 형식화된 멘토링이 가능하다. 문자 중심의 비동시적인 대화방식은 구두에 의해 진행되는 면대면 상담 시 상대방의 의견에 즉각적인 응답을 해야 하는 압박에서 벗어나 성찰적인 대화를 가능하게 한다.

그러나 e - 멘토링 프로그램을 잘 적용할 수 있는 환경이 구축되어 있지 않으면 오히려 실패할 가능성이 크다. e - 멘토링 프로그램을 실현할 수 있는 홈페이지와 e - mail, 게시판 사용이 원활하지 않을 경우, 환경적인 장애로 인하여 프로그램 자체에 흥미를 가질 수 없으며, 진행상의 어려움도 크다. 또한 충분한 계획과 자료 없이 성급하게 시작한다면, 오히려 역효과가 발생할 수 있다.

e - 멘토링은 이전의 off - line 멘토링과는 달리 프로그램을 진행하면서 관계를 쌓아 나가야 하기 때문에 프로그램을 시작하기 이전에 멘토와 멘제에 대한 사전 교육이 충분히 이루어져야 한다.

프로그램에 대한 전반적인 이해와 프로그램에 대한 이용법이 우선적으로 숙지되어야 한다.

성공적인 e-멘토링을 위해서는 지속적으로 멘토와 멘제가 역할을 이행하면서 서로를 도와주고 보완하는 것을 확실하게 해야 한다. 멘토와 멘제가 웹(Web)이라는 가상의 공간에서 관계를 맺으므로 거짓의 자신을 내보일 수 있으므로, 멘토링 관계에서 가장 중요한 것은 서로 간의 솔직함이라는 것을 인식해야 한다. 멘제는 멘토에게 자신의 부족한 점과 고민을 솔직하게 털어놓고, 멘토는 멘제에게 전문성에 입각한 충고를 할 수 있어야 한다.

e-멘토링 발달 단계(Hamilton & Scandura, 2003)

e-멘토링의 실제	멘토링 발달단계
컴퓨터 네트워크의 구축(Computer network infrastructure) 프로그램 지침(Program guidelines) 프로그램 평가 절차(Program evaluation procedures) 이력서 등록(Posting resumes and biographies) 책임감과 기대(Responsibility and expectations of parties) 대면식(Opportunity to meet face-to-face)	시작단계(Initiation)
멘토링 훈련(Mentoring Training) 네티켓 훈련(Netiquette Training) 시스템 관리자 지원(System administrator support) 프로그램 인지(Program recognition) 성공의 자축(Celebrate successes) 대면식(Opportunity to meet face-to-face)	심화단계(Cultivation)
의견 수렴(Acknowledging comments)	분리/종결단계 Sparation/termination)
개인적 의사소통(Personal communication)	재정립단계(Redefinition)

멘토링에 대한 중요성이 높아지고 정보통신 기술의 발달과 함께 e - 멘토링의 사례들이 점차 늘고 있다. 우선 미국의 멘토링 현황을 살펴보기로 하자.

(1) 사례 1 - 미국 교사들을 위한 WINGS

미국 오스틴에 있는 텍사스 대학 출신 교사들을 위한 WINGS (Welcoming Interns and Novices with Guidance and Support Online)의 'Tele - mentoring' 시스템은 선배교사와 후배교사가 연결되어 멘토링을 하는 시스템이다. 멘토가 되고자 하는 사람이 신청 양식에 맞춰 자신에 관한 정보를 입력하면 'Mentor Database'에 저장되고, 신참교사인 멘제는 이 데이터베이스에서 교과목명을 주제어로 검색하여 자신에게 필요한 멘토를 찾을 수 있다. 찾은 멘토의 고유번호를 멘토 요청서에 적어 보내면 관리자가 멘토와 연락하여 매칭 여부를 결정한다.

이 시스템에서는 멘토링 커뮤니케이션이 인터넷 게시판을 통해서 이루어지지만 게시판에 올린 글이 멘토와 멘제 두 사람에게 e - mail로 동시에 보내지도록 하여 게시판 이용에 따른 불편함과 느린 응답을 피할 수 있도록 하고 있다. 또한 관리자는 멘토링 활동의 모니터링을 위한 메시지 개수만을 볼 수 있도록 하여 그 내용은 멘토와 멘제 두 사람밖에 볼 수 없다. 멘토링 기간을 시스템에서 미리 정하지 않은 점이 타 시스템과 다른 특징이며 교사라는 특성을 살려 방학기간을 이용해서 off-line 만남을 가질 수 있도록 제안하고 있다.

(2) 사례 2-미국 공학·과학 Mentor Net

1997년부터 5년째 운영되고 있는 미국의 공학·과학 분야의 여성을 위한 멘토링 시스템인 Mentor Net 5는 2002년 현재 각각 3,000명 이상의 멘토와 멘제를 매칭하여 최대의 규모와 체계적인 시스템을 자랑한다. 1년 동안 공학·과학 분야에 관심 있는 여학생과 공학이나 과학을 전공하고 기업이나 학계에서 전문가로 활약 중인 멘토가 일대일로 매칭되어 멘토링을 진행한다. 여러 대학과 기업들이 중심이 되어 멘토와 멘제의 선발이 이루어지기 때문에 매칭된 커플이 한 해에 3,000쌍 이상이다. 매년 멘토링 기간이 종료되면 1년 동안의 멘토링 활동에 관한 평가보고서를 작성하고 매년 수십 편의 논문과 연구보고서를 출간하여 e-Mentoring 시스템의 발전을 위해 많은 기여를 하고 있다.

(3) 사례 3-캐나다의 여성 지도자 단체

캐나다의 여성 지도자 단체인 Women's Executive Network의 'e-Mentoring'은 16~24세의 젊은 여성들의 학문적·직업적 진로개발을 지원하기 위하여 2000년 8월에 시작되었다. 2002년 5월 현재 멘토는 300명, 멘제는 240명으로 멘토의 수가 다소 많다. 멘제가 신청을 위해 e-mail로 200단어 정도의 편지를 보내오면 취미, 선호하는 학습주제, 관심 있는 진로분야에 따라 캐나다의 기업대표,

정부 조직의 장, 지역사회리더로 구성된 성공한 여성들이 매칭되어 3개월간 일대일 멘토링을 진행한다. 멘토링 커뮤니케이션은 e-mail이 아니라 웹사이트에 접속하여 비밀번호로 보호되는 메시지 박스를 통해서 하게 된다. 웹사이트를 통해 멘토링 시스템의 운영지침과 역할에 대해 배울 수 있도록 하고 있다.

(4) 사례 4 - 벨 캐나다(온라인 멘토링)

벨 캐나다(Bell Canada)는 캐나다 몬트리올에 있는 이동통신 회사로, 직원 규모는 약 40,000여 명(2001년 기준) 정도이다. 이 회사의 경영진은 전 구성원들에게 조직 문화를 전파하고 실력 향상의 기회를 제공하는 차원에서 온라인 멘토링 프로그램을 실시하게 되었다.

벨 케나다의 온라인 멘토링 프로그램 실시 배경

사업과 조직의 확장	· 지리적인 사업영역의 확장 · 각기 다른 제품을 중심으로 사업부를 운영
일관된 정책의 필요성	· 지역별 · 부서별로 실시하는 제도로는 전사차원에서의 일관된 인재 육성 활동에 한계가 있음 · 사업부 · 지역 · 기능에 관계없이, 일관성 있는 조직문화 형성을 위한 새로운 방안 필요
구성원들의 성장욕구 충족	· 2001년 자체적으로 실시한 설문조사 결과, 구성원들의 전문가적인 성장욕구 충족이 이슈로 등장 · 회사에 대한 주인의식 함양의 필요성 제기
오프라인 멘토링의 한계	· 진행 중인 모든 오프라인 멘토링을 인사부서에서 관리하기에는 시간 · 비용 · 관리상 어려움을 느낌

① 온라인 멘토링 프로그램의 개요

벨 캐나다에서 시행하고 있는 온라인 멘토링 프로그램의 공식 명칭은 '멘토 매치'이다. 이 프로그램의 근본목적은 다음 도표와 같이 구성원들의 지식과 경력개발을 도와주고 조직문화를 전파하는 데 있다. 멘토링 대상을 주로 경영진이나 신입 사원으로 한정했던 오프라인 멘토링과는 달리 멘토 매치 프로그램에서는 그 대상을 전 구성원으로 확대할 수 있었다.

이 프로그램에 참여하는 멘제는 온라인상에 등록된 멘토의 정보를 바탕으로 자신에게 가장 적합한 멘토를 선정하게 된다. 또한 본격적인 멘토링 활동에 앞서 참여자들에게 프로그램의 기본 목적과 취지를 명확히 설명해 주었다. 이러한 사전 홍보를 통해 멘토링이 승진이나 금전적 보상을 위한 활동이라거나 리더의 역할을 완전히 대체한다는 등, 구성원이 가질 수 있는 멘토링에 대한 오해를 원천적으로 봉쇄한 것이다.

② 온라인 사이트 구성

멘토 매치 프로그램은 사내 인트라넷을 통해 진행되기 때문에 누구나 멘토 또는 멘제로 등록할 수 있으며 멘토링에 대한 풍부한 정보도 얻을 수 있었다. 인트라넷에 등록되는 주요 정보들은 다음과 같다.

- 프로그램의 개요: 프로그램 내용, 준비사항, 멘토링의 유래, 멘토링 프로세스 소개
- 효과: 프로그램을 통해 회사, 멘토, 멘제가 어떤 이점을 얻을 수 있는지에 대한 정보를 제공

- 역할과 책임: 멘토와 멘제의 역할과 책임, 우수한 멘토·멘제의 요건, 멘토링 방법 등을 설명
- 멘토링 프로세스: 멘토링 시작부터 종료까지의 과정 소개
- Q&A: 자주 하는 질문과 회사·멘토·멘제의 답변 공지
- 관련 자료: 멘토링 관련 웹 사이트, 비디오, 책 등을 소개

■ 멘토 매치 프로그램의 목적

- 인재육성 수단
- 사원들의 지식과 네트워크, 경력개발을 도와주는 수단
- 경험이 많은 사람들이 직접적인 커뮤니케이션을 통해 지식을 전달
- 성장 잠재력이 높은 사람, 즉 미래 리더를 발굴하고 개발하는 과정
- 지식공유의 기회
- 부서·사업부에 상관없이 전사적으로 지식·정보·아이디어를 공유하는 수단
- 조직문화의 강화
- 회사의 경영철학·문화·운영 전반에 대한 이해와 몰입 강화
- 신입사원들의 사회화 촉진

■ 인사제도와 연계

- 조직 차원에서의 활용
- 사원 설문조사: 설문조사에서 낮은 점수를 받은 사람을 리더

십 향상 차원에서 멘토와 연결시킴

- 인재관리: 리더십 역량, 평가, 보상 제도와 멘토 매치 프로그램을 연계
- 승진: 구성원 개개인의 육성 계획에 멘토 매치 프로그램을 도입
- 학습: 각종 학습·교육과정에 멘토링 과목 개설
- 인재육성 차원에서 활용
- 사전 오리엔테이션: 입사 후 6개월이 지나면 멘토 매치 프로그램에 등록할 것을 이메일로 독려
- 인정: 회사에서 각종 포상을 받은 사람에게 멘토로 활동해 줄 것을 요청
- 승진: 승진한 사람을 멘토로 활용
- 리쿠루팅: 신입사원 교육 시, 멘토 매치 프로그램에 대해 설명

■ **멘토 매치 프로그램의 프로세스**

Process 1 – 도입과정

자기 평가	온라인 프로필 작성
- 1단계(자기평가): 멘토와 멘제의 요건을 확인하는 단계로서 온라인상에서 자신의 행동방식과 관련된 설문에 응답하게 함. - 2단계(온라인지도): 자기평가 결과, 자질이 부족한 사람에게는 온라인상에서 효과적인 멘토가 되는 방법에 대한 강의를 제공.	- 3단계(프로필 작성): 멘제와의 연결을 위해 프로필 작성 - 4단계(탐색과정): 작성된 프로필을 참고하여, 멘제가 자신에게 적합한 멘토를 찾는 과정

Process 2 – 활동과정

파트너십 형성	파트너십 개발
-5단계(이메일 통보): 멘제가 지목한 멘토에게 자동적으로 이메일을 발송하여 멘제의 신상을 확인하게 함. -6단계(일정 수립): 멘토가 멘제의 요청을 허락하게 되면 상호 이메일을 통해 만날 시간, 장소, 대화 주제 등을 교환. -7단계(서명·확정): 멘토와 멘제 모두 1년간 멘토링 관계를 유지할 것을 약정.	-8단계(활동개시): 상호 우호적인 파트너십 형성을 위해 다양한 학습을 활용하면서 멘토링 활동을 전개. -9단계(조언·자문): 어려움을 겪고 있는 멘제에게 조언과 지도.

Process 3 – 평가과정

프로그램 평가
-10단계(평가): 멘토링 활동 시작 후 1년이 지나면 온라인으로 서로의 평가에 대해 평가. -11단계(분석·개선): 인사부서에서 평가결과를 분석, 향후 개선활동에 활용.

③ 멘토링 프로세스

멘토 매치 프로그램은 앞의 도표와 같이 크게 5단계의 과정으로 진행된다. 이때 중요한 것은 이러한 과정이 제반 인사제도와 유기적으로 연계되어 있다는 점이다. 즉, 멘토링 활동을 신입사원 선발, 육성, 승진, 성과 평가 등에 연계함으로써 인재 육성이라는 근본 목적의 달성을 가속화하고 있다.

④ 멘토 매치 프로그램의 효과

벨 캐나다는 멘토 매치 프로그램을 통해 다음과 같이 많은 이득을 보고 있다. 첫째, 모든 멘토링 활동이 온라인을 통해 진행되기 때문에 인사부서가 행정적으로 관리해야 할 시간과 비용을 상당히 줄일 수 있었다. 예를 들어 사설기관을 통해 진행하던 멘토링 사전 교육을 온라인상에서 진행함으로써 교육비용을 크게 줄일 수 있었다. 또한 진행과정을 일일이 모니터링해야 하는 어려움도 온라인을 통해 일괄적으로 관리할 수 있게 되었다.

둘째, 구성원들의 실력향상 및 멘토와 멘제 간 지식이전 상황 등을 지속적으로 점검할 수 있게 되었다. 보통, 멘토링 활동 개시 후 1년이 되면 효과성에 대한 평가를 시행해야 하는데, 온라인을 이용함으로써 이러한 평가 작업이 훨씬 용이해진 것이다.

(5) 사례 5 - 한국 여성부 위민넷

국내에서 현재 진행 중인 e - 멘토링 시스템을 살펴보면 다음과 같다. 우리나라의 여성부에서 운영하고 있는 위민넷에서는 여성들의 성장과 교류를 돕고자 2002년 5월에 '사이버 멘토링'을 시작하였다. 멘토는 각 분야에서 실력을 갖춘 여성들로 20대에서 50대까지 연령층이 다양하며, 멘제는 고등학생부터 20대 직장여성들로 구성되어 있다. 이 시스템은 멘토링을 통해서 완수해야 할 과제를 멘토와 멘제가 함께 정하도록 하며 매달 토론 주제를 공지하여 그 달의 주제를 우선적으로 토론하도록 하고 있다. 성공적인 멘토링을 위해 매주 2번 이상 멘토링 활동에 참여할 것과 e - mail보다는 시스템에서 제공하는 게시판 형태의 멘토링 공간에서 커뮤니케이션이 이루어질 수 있도록 유도하고 있으며 '멘토지식 창고' 게시판을 통해 회원이 아닌 사람도 멘토링의 답변을 볼 수 있다. 멘토링의 내용을 전담요원 3명이 매일 모니터링하여 멘토링 운영을 지원하며, 모니터링에 관한 사항과 멘토 및 멘제의 선발원칙은 사전에 멘토와 멘제에게 미리 공지하여 오해가 없도록 하고 있다. 멘토링 활동에 대한 동기 유발과 멘토링 평가를 위해 '자매일기' 발간, '베스트 멘토-멘제' 선정 등이 진행 중이다.

(6) 사례 6-한국 여성과학자 e-WISE

우리나라의 여성 과학도를 위한 e-WISE(Women into Science and Engineering)는 수학·과학 분야에 재능 있는 여학생들에게 동기를 유발하고 이공계열로 진학하도록 유도하며, 예비 과학 기술인으로 성장하도록 지원하는 시스템이다. 2002년 11월에 시작되었으며 멘토와 멘제가 매칭되어 'e-Mentoring'을 진행하고 있다. e-WISE는 온라인 커뮤니케이션이 가지고 있는 단점을 보완하기 위해 멘토링 워크숍, 주말을 멘토와 함께, 멘토와의 하루, 대학 및 연구소 탐방, 인턴십 프로그램, 과학 캠프 등의 오프라인 프로그램을 활발히 운영하고 있다. 멘토와 멘제의 커뮤니케이션은 e-mail이 아닌 인터넷 게시판 형태로 이루어지고 있다. 멘토와 멘제 서로 간 비공개의 커뮤니케이션은 '쪽지 보내기' 기능을 통하여 가능하다.

(7) 사례 7-삼성 SDS Women.com

삼성 SDS는 2001년 여성위원회가 결성되어 전국 사업장 여성 직원들의 구심체 역할을 하고 있으며 온라인 커뮤니티(SDSWomen.com)의 운영과 이를 통한 '사이버 멘토링 제도'로 여성고용환경 개선에 노력하고 있다. 멘토링에 관심 있는 멘토와 멘제가 신청서를 제출하면 1:1 또는 1:N의 형태로 매칭이 이루어진다. 멘제들은 멘토에게 자신이 멘토링 받고자 하는 분야에 관해 '멘토링 플라자'를 통해 상담을 받을 수 있고, 멘토는 '멘토 카페'에서 여성 전문가들과 네트워킹할 수 있는 기회를 갖게 된다. 멘제 역시 '멘제 카페'를 통하여 자신과 비슷한 고민을 하고 있는 멘제들과 의견을 교환하고 정보를 나눌 수 있다. 멘제들은 자신의 멘토링 중 우수 사례를 추천할 수 있으며, 추천된 내용은 심사를 거쳐 'Best 멘토링'으로 선정된다. '직장 얘기', '사는 얘기' 등의 메뉴를 통하여 업무와 관련된 내용뿐만 아니라 일상생활이나 육아와 관련된 내용들도 조언을 얻을 수 있다.

3. e-멘토링을 통한 멘토링 제도의 활성화 방안

앞에서 살펴본 바와 같이 멘토링은 경력이 많은 선배가 직장생활에 처음 입문한 신입이나 새로 발령받은 전입 후배에게 자신의 경험과 지식을 전수하여 후배들의 경력개발 및 심리적 지원, 나아가 직무만족이나 조직몰입을 높일 수 있는 유용한 시스템이다. 그러나 현실적으로 조직의 구조, 시간과 공간의 제약, 불균형적 성비 등의 문제로 여성들은 멘토링에 관하여 어려움을 겪고 있다. 사이버 공간에서 이루어지는 e-멘토링은 시간적, 지역적 제약을 극복할 수 있다. 또한 면대면 관계가 필요 없기 때문에 조직사회에서 여성관리자 수의 부족으로 발생하는 교차-성 멘토 관계에 대한 부담을 줄여 줄 수 있다.

e-멘토링 제도를 통한 여성의 업무 능력 향상 및 자기 개발을 위한 멘토링 제도를 활성화시키기 위해서는 다음과 같은 방안이

필요하다.

첫째, e-멘토링 실현이 가능하도록 홈페이지를 구축하여야 한다. 사이버 멘토링 시스템을 성공적으로 운영하기 위해서는 구조화된 시스템이 필요하다. 구조화된 사이버 멘토링 시스템이란 온라인 멘토링이 활발하게 이루어지도록 하기 위해 훈련, 지도, 모니터링, 평가 기능을 제공하는 시스템이다. 이 모델은 멘토링 시스템의 성공을 위한 필수적인 요소로 구성되어 있어 다양한 상황에서 적용이 가능하다. 멘토와 멘제 간의 커뮤니케이션을 위한 비공개 게시판뿐만 아니라 앞으로 직장으로 진출하고자 하는 사람들도 참고할 수 있는 공개 게시판, 기본적인 업무 매뉴얼 제공 등을 통하여 직장생활의 전반적인 지침으로 활용할 수 있다. 또한 여성직장인(Working Woman)들이 가정생활과 직장생활의 양립에 따른 어려움을 극복할 수 있도록 육아 등의 조언 및 생활에 필요한 정보들을 교환할 수 있는 곳으로 이용 가능한 시스템 구축이 필요하다.

둘째, 매칭 프로그램의 구별이다. 일반적으로 멘토링의 기능은 전문적 분야인 경력개발 기능과 정서적 부문인 심리사회적 기능과 의지적인 부문인 리더 역할모델 기능의 세 가지 측면으로 구분된다. 여성들은 남성 멘토와의 일체감 및 그를 기초로 한 인간적 편안함의 부족에서 교차-성 멘토 관계에 어려움을 느낀다.

그럼에도 불구하고, 여성은 여성 멘토보다는 성공 가능성이 높은 것으로 인지되는 남성 멘토를 더 선호하는 것으로 나타난다.

또한, 현실적으로 멘토 역할이 가능한 여성관리자가 적은 남성 중심의 공직사회에서 여성 멘제의 남성 멘토와의 교차-성 멘토링은 불가피하다. 따라서 멘토의 모집을 둘로 구분하여 경력개발 기

능의 멘토는 공직 경험이 많고 직급이 높은 남·여관리자를, 심리
사회적 기능의 멘토는 직급보다는 인생의 선배로서 조언을 줄 수
있는 여성으로 선발기준을 삼는다면 멘토 관계를 통해 보다 현실
적인 도움을 받을 수 있게 될 것이다.

셋째, 활발한 참여를 유도할 수 있는 인센티브를 부여한다. 기존
오프라인 멘토링과 달리 사이버 멘토링은 면대면이 아니기 때문에
사전에 충분한 교육을 통해 멘토와 멘제가 좀 더 적극적이어야 한다.

보건복지 가정부가 추진하고 있는 '후배사랑 프로젝트'에서는 자
발적 참여를 원칙으로 하고 있지만, 참여실적 및 성과에 따라 과
별, 개인별로 혁신도토리 부여 및 시상(장관 격려 및 포상금 등)을
계획하고 있다. 행정안전부 역시 멘토링에 참여하는 직원에게 혁신
마일리지를 부여할 계획이다. 이처럼, e - 멘토링에 참여하는 직원
들에게 선택적 복지에 대한 마일리지 부여나, 'Best 멘토링' 선발
과 같은 직·간접적인 보상을 줌으로써 적극적 활동을 유도할 수
있을 것이다. 특히 e - 멘토링의 경우는 멘토링이 게시판, e - mail
등 문자로 남기 때문에 보상의 근거로 활용되기 쉽다.

4. e - mentoring 활성화 결론

오늘날, 인터넷은 인적자원을 포함한 조직 운영의 상호관계에
있어 중요한 요소로 증대되고 있다. 인터넷은 시간과 공간의 제약
을 줄여 주고, 원활한 의사소통의 매개체로서 역할을 수행한다. 따
라서 인터넷을 통한 멘토링은 이 두 영역의 논리적 결합이 될 수

있다. 선진국을 중심으로 한 e-멘토링 프로그램은 계속적으로 증가하는 추세이며, 우리나라 또한 지속적인 프로그램 개발이 이루어지고 있는 추세이다. e-멘토링은 특히 여성의 사회 진출 및 여성 관리자로의 경력개발뿐만 아니라, 나아가 조직에서 구성원들의 업무능력 향상에도 필요한 제도로 인정받고 있다.

1. 서론

우리 정부는 균형 있는 인적자본의 활용을 위하여 1980년대 후반부터 여성공무원 관련 인사정책을 적극적으로 추진하기 시작하였다. 특히 여성공무원 채용목표제의 확대 적용과 여성관리자 임용목표제 등의 법률적·제도적 개선으로 여성의 공직 진출이 확대되고 있다(중앙인사위원회, 2004: 374~384).

그러나 여성공무원의 수는 꾸준한 증가 추세를 보이고 있지만 여성관리자의 수는 아직 부족한 것이 현실이다. 여성공무원의 수적인 증가와 함께 공직진입 이후의 훈련이나 재사회화에 근거한 효과적인 경력관리를 통한 정부생산성 제고에 기여할 수 있는 인적자원으로 육성하는 것이 더욱 중요하다.

멘토는 신입공무원이나 전입해 오는 직원들을 멘제로 삼아 직장생활안내와 고충 상담, 진로 및 경력개발 지도, 생활안내 등 선배 공직자로서의 경험과 노하우를 멘제들에게 전수할 수 있다.

이러한 멘토링은 남성보다 여성에게 더욱 필요한데, 이는 유리천장, 유리벽과 같은 여성에게 불리한 조직의 관행과 남성 중심의 조직구조 속에서 여성은 경력관리에 어려움을 느끼기 때문이다.

여성 공직자의 경력개발과 조직에서의 생산성 향상을 위해 멘토 시스템의 도입이 필요함에도 불구하고, 여성은 멘토 관계를 형성하는 것 자체에 어려움을 느끼고 있다.

이 장에서는 여성공무원이 공직 사회에서 멘토 관계를 형성하면서 느끼는 어려움을 살펴보고, 이를 해결하기 위한 방안으로 e-멘토링 제도를 통한 여성공무원의 멘토링 제도 활성화 방안을 모색하고자 한다.

2. 멘토링의 필요성

(1) 멘토링의 기능

멘토(Mentor)란 경험이 많은 연장자로서 후배들에게 경력계획과 대인관계에 관한 지도와 상담을 해 주고 역할모형이 되어 줄 수 있는 사람이며 멘토의 도움을 받는 후배를 멘제(Menger)라고 한다.

멘토링(Mentoring)이란 멘토와 멘제가 일정기간 동안 신뢰를 쌓아가면서 경력개발 등의 목적으로 의사소통하는 상호관계를 의미한다.

멘토링을 통하여 업무경험과 지식을 가진 멘토는 업무경험과 지식이 부족한 멘제들에게 심리적 지원은 물론이고 효과적인 업무수행을 위한 훈련 및 경력개발에 필요한 조언을 지원할 수 있다.

현재 우리나라 정부에서는 노동부, 농림부, 여성부, 보건복지부, 행정안전부 등에서 멘토 제도를 실시하고 있다.

여성부는 신입 및 전입 직원에 대해 부서 내 업무능력 습득 외에 직장 생활에 빨리 적응할 수 있도록 일정기간 선배공무원이 도와주고 있다.

보건복지부에서는 '후배사랑 프로젝트'를 추진하여 새로 발령받은 직원을 위한 오리엔테이션 및 멘토링을 위한 매뉴얼 작성을 준비하고 있다.

행정안전부는 중앙행정기관 최초로 멘토링 제도를 도입하였다. 이는 신규공무원이나 전입해 오는 직원이 조직에 신속하게 적응하고 업무능력 향상을 도모하기 위해 신망 있는 공직 선배와 1:1로 결연하여 업무를 지도하는 것뿐만 아니라 향후 직장생활 안내와 고충상담, 진로 및 경력개발 지도, 생활 안내 등 선배 공직자로서의 경험과 노하우까지 후배에게 전수할 계획을 갖고 있다.

(2) 멘토 관계의 효용성

멘토 관계는 멘토와 멘제, 궁극적으로는 해당 조직의 생산성에 긍정적인 영향을 미친다(Zey, 1984).

첫째, 멘제의 입장에서 멘토 관계는 멘제들에게 기술적 지식의 학습과 조직생활에 필요한 요령을 습득하게 한다. 또한 자신감과 유효성을 개발하며, 성공적인 관리 수준에서 어떻게 행동해야 하는지에 관한 도움을 받을 수 있다.

멘토가 있는 멘제 집단은 그렇지 않은 집단에 비하여 경력발전과 관련된 지식을 더 많이 소유하게 되고, 승진경로에 필요한 방법을 알게 된다.

Henderson(1985)의 연구에 의하면 미국의 연방 및 지방 전 정부 조직에 걸쳐 멘토를 가진 사람은 멘토를 갖지 않은 사람에 비해 기꺼이 직장에 나아가고, 직업에 더 만족하며, 경력발전 계획을 잘 세울 수 있다.

또한 멘토가 다양한 방법으로 멘제를 상급자와 접촉하게 하며 멘제에게 과업을 더 효과적으로 수행할 수 있는 정보와 자원의 접근성을 높여 줌으로써 멘토가 있는 사람은 그렇지 않은 사람에 비해 직무에 대한 만족감을 높게 느낄 수 있다.

둘째, 멘토의 입장에서 멘토 관계는 멘토에게 타인에게 정보와 기술을 전수한다는 심리적 만족감을 준다(Allen, et. al., 1997). 또한 멘제가 제공하는 충성 및 업무에 관련된 정보는 멘토의 업무추진에 도움을 주며 멘제는 멘토의 훌륭한 보조자인 동시에 실무자로서의 역할을 수행한다. 멘제와 멘토 간의 상호 교류는 조직을 둘러싼 환경의 급격한 변화 속에서 새로운 지식과 정보를 제공받는 기회를 제공한다.

셋째, 조직의 입장에서 멘토 관계는 효과적인 인력관리를 가능하게 하여 조직의 생산성을 증대시킨다.

정윤길(2002)은 서울시 구청 공무원들을 대상으로 역할갈등과 역할모호성이 직무만족 및 직무성과와 어떠한 관계를 가지며, 이들

간의 관계에 있어서 멘토링의 기능이 어떠한 역할을 하는가를 조사하였다.

멘토링의 사회심리적 기능과 경력 관련 기능은 멘제가 자신감을 가지고 업무를 수행하며 직무를 가장 효과적으로 수행하는 데 필요한 정보를 제공함으로써 역할모호성의 부정적인 효과를 완화시켜 주는 기능을 한다.

멘토는 멘제가 조직에 빨리 적응하도록 도와주어 이직률을 감소시키고, 멘제의 조직에 대한 소속감을 증대시킨다. 신입사원을 대상으로 멘토의 유무가 직무만족과 이직의도에 차이를 발생시키는지를 조사한바 멘토가 있는 사원이 없는 사원에 비해 직무만족 수준은 더 높게, 이직의도 수준은 더 낮은 것으로 나타났다.

또한 멘토링에서 조직구성원의 멘토 관계와 조직몰입에 대한 연구를 통하여, 멘토 관계가 강하게 형성될수록 조직몰입은 높게 나타나고, 공식적·비공식적 멘토 관계 모두 조직구성원의 조직몰입과 유의미한 관계가 있음을 밝히고 있다.

멘토 관계와 조직 사회화가 유효한 관계를 가지며, 멘토 관계가 형성되어 있는 조직은 그렇지 않은 조직에 비해 조직몰입도, 조직참여도, 조직헌신도가 상대적으로 높게 나타나고 있다.

멘토와 멘제 간의 상호교류는 조직 내의 다양한 계층 간 의사소통의 원천이 되며 한 관리자 세대에서 다음 관리자 세대로 이어주는 견인차 역할의 관리수단이 된다.

(1) 여성의 멘토링 필요성

멘토는 조직 구성원들이 조직 내에서 성공하는 데 있어 중요한 역할을 한다. 멘토는 업무 수행이나 인간관계, 목표의 설정 등과 같은 경력개발과 관련된 사항에서 역할모델로서 지도와 지원이 가능하다.

Ragins와 Cotton(1991)은 커리어 개발이나 조직 내에서의 영향력의 행사 등 조직에서의 개인의 성공에 있어 멘토가 매우 중요한 역할을 하며 특히 여성은 커리어를 증진하는 데 장애가 있으므로 멘토가 더욱 중요하다고 지적한다. 여성에게 있어 멘토의 유용성이 보다 높게 평가되는 이유는 다음과 같다.

첫째, 조직에서 여성은 경력개발을 염두에 둔 장기적이고 실질적인 훈련보다는 현재의 업무를 무난하게 수행하는 데 필요한 단기적이고 형식적인 훈련에 집중되는 것이 일반적이다. 일반적으로 여성에 대한 고정관념과 낮은 기대수준은 자신과 비슷한 수준의 남성들에 비해 업무 경험이나 경력 기회를 동등하게 부여하지 않는다. 또한, 남성의 경우 성인연령기의 초기가 경력 초기와 일치되지만 여성의 경우는 결혼, 출산 등의 문제로 경력개발이 지연되고 많은 경력 제한 요인이 작용된다.

둘째, 여성에게는 생소할 수밖에 없는 남성적 조직문화를 이해하고, 성공적으로 적응할 수 있도록 지원하는 학습의 기회도 결여되어 있다. 남성이 대다수인 일터의 문화는 남성친화적일 수밖에 없으며 여성에게는 어색하거나 생소한 불문율들로 구성되어 있다.

이러한 규율은 여성들이 남성들을 이해하고 학습할 수 있는 기회를 제약한다.

셋째, 경력성공에 필수적인 조직 내 유력한 네트워크에도 소외되어 왔다. 리더 – 멤버 교환 이론(Leader – Member Exchanges: LMX)에 따르면, 리더는 역량, 신뢰도, 맡은 책임에 대한 동기 부여 등의 측면에서 부하 직원을 차별화한다.

이러한 특질을 높게 평가받은 부하 직원은 내집단(in – group) 멤버로 여겨지고, 이들은 보다 도전적인 업무를 부여받고, 의사결정 과정에도 참여하게 되며, 다른 구성원에 비해 리더와 보다 밀접한 관계를 갖는다. 그러나 여성 부하 직원의 경우는 리더십, 단호함, 경쟁의식, 정서적 안정감 등의 특성이 부족하다고 지각되기 때문에 내집단 멤버로 발탁될 가능성이 적다. 결과적으로 여성은 내집단 멤버가 중심이 되는 비공식 네트워크에 진입할 기회가 적게 되는 것이다.

결국, 여성이 경험하는 이상의 문제를 극복하는 데 멘토링의 필요성이 훨씬 크게 작용한다는 것이다. 여성은 멘토링을 통해 얻게 되는 경력과 심리적 측면의 요인으로 동료와 부하 직원의 지지 및 협력을 얻을 가능성과 조직에서의 성공 가능성을 높일 수 있다. 멘토가 있는 여성은 멘토가 없는 여성보다 직무 완수와 직무만족이 더 높은 것으로 나타났으며, 여성이 조직 내에서 심리적 지지를 제공받을 동료 집단이 없는 경우, 멘토가 대신 그 여성의 직무 스트레스를 줄여 줄 수 있다.

금융기관의 여성관리자를 대상으로 커리어 단계별로 멘토의 유무, 멘토의 성격, 멘토링의 구체적 내용과 영향력 등을 조사한 결과 멘토의 유무와 커리어 성공에의 영향을 살펴보면 초기 커리어의 멘토 유무는 승진의 만족, 능력 활동의 만족, 직무의 사회적 가치 의식 등에 깊게 관계되어 있다고 보이며 업무 수행의욕, 업무 만족에서도 관련성을 보였다. 초기 커리어에 멘토를 얻은 여성은 그 후의 커리어 개발에 멘토링이 크게 영향을 주었다고 느끼는 것으로 나타났다.

역시 멘토링 관계를 개발하는 여성들은 개발하지 않는 여성들보다 조직 내에서 능력발휘가 더 높게 나타나므로 여성들은 적극적으로 멘토를 찾아 나서야 한다는 결론을 얻을 수 있다.

(2) 여성의 멘토 관계 형성 장애요인

멘토링은 멘제의 경력관리와 경력개발에 긍정적인 기능을 수행함은 물론 멘토 자신과 조직에도 긍정적인 영향을 미친다. 그러나 멘토링 관계를 형성하는 데 있어서 어려움은 다음과 같다.

첫째, 멘제는 멘토에 대하여 접근성에 있어서 어려움을 느낀다. 일반적으로 잠재적 멘토가 부족한 경우 멘토와 멘제 간의 상호작용의 기회는 적게 되고 따라서 멘제는 자신을 보여 줄 기회가 적을 뿐만 아니라 적절한 멘토를 찾기 어렵게 된다.

둘째, 멘제와 멘토 간의 초기 관계형성의 두려움이다. 하위자로서 상위자인 멘토에게 관계형성을 제안하는 것이 쉽지 않다.

셋째, 멘토의 수락에 대한 어려움이다. 멘토 관계 형성에 있어 주도권은 상위자인 멘토에게 있고, 멘토는 자신의 기준에 따라 하위자들의 능력과 신뢰 가능성을 평가하여 자신의 멘제를 선택한다. 즉, 하위자인 멘제는 상위자인 멘토에게 선택될 때까지 기다리는 입장으로 멘토 관계의 형성은 멘토의 수락에 의해 결정된다.

넷째, 멘제 입장에서 자신의 동료나 상관 등 조직의 다른 구성원들이 멘토 관계 형성에 대해 어떻게 생각할 것인가에 대한 우려도 어려움으로 지적된다.

마지막으로, 조직 내에서 잠재적인 멘토나 다른 사람들이 멘토에 대한 접근을 성(性)적인 승진으로 오해할 수도 있다는 두려움도 멘토 관계 형성을 어렵게 하는 요인으로 지적된다.

앞에서 살펴본 바와 같이 멘토 관계를 형성하는 데 있어서 여성과 남성 모두 어려움을 겪지만 멘토 관계 형성의 어려움에 대한 기존 연구들을 살펴보면, 대부분 여성이 남성에 비해 멘토 관계 형성에 더 많은 장애물들에 직면하고 있음을 알 수 있다.

여성이 남성에 비해 멘토링 관계 형성의 어려움을 겪는 이유로

첫째, 남성 중심적 조직에서 멘토 역할을 수행할 만한 관리직에서의 여성이 절대적으로 부족함을 지적한다. 또한 여성관리자들은 타인에게 멘토 역할을 해 줄 만한 시간적·정신적 여유가 없다는 점에서 여성 멘제가 겪는 접근성의 문제가 가중된다.

둘째, 남성 멘토들은 여성의 능력과 조직몰입에 대한 부정적인 편견과 불미스러운 성(性)적 소문의 발생을 우려해 여성을 멘제로 삼으려 하지 않음으로써 여성은 남성보다 많은 어려움을 겪게 된다.

셋째, 멘토 관계의 형성 방식이 남성적이어서 여성은 상대적으로 많은 어려움을 경험하게 된다.

Noe(1988)는 커리어개발 과정에서의 멘토링의 기능과 멘토의 중요성을 강조하면서, 남성 중심의 조직사회에서 여성관리자의 수가 많지 않고, 또 여성이 남성의 멘토를 만나서 멘토 관계를 형성하

는 것에는 많은 사회적, 심리적 제약이 있기 때문에 여성근로자는 멘토링의 혜택을 받기 어렵다고 보았다.

Ragins와 Cotton(1991)은 여성은 남성보다 멘토를 구하기 어렵고 멘토에의 접근이 제한되어 있다고 지적하고 있다. 여성에게 멘토 관계 형성의 가장 큰 장애 요인은 멘토에 대한 접근성이며 다른 사람이 멘토링 관계를 어떻게 인지하느냐와 관련된 타인의 평가가 가장 낮은 장애요인으로 나타났다.

국내에서도 멘토의 성별은 남성 멘토가 여성 멘토에 비해 2배 이상 많은 것으로 나타났다. 이러한 현상은 여성이 남성의 멘토를 선호해서라기보다는 멘토의 역할을 담당해 줄 만한 지위의 여성 상사나 선배가 부족한 탓으로 볼 수 있다. 여성관리자 중에는 좋은 역할모델이 되어 줄 동성의 멘토를 찾기 원하나 직급이 올라갈수록 여성 멘토를 구하기 어렵다. 이는 아직 남성 중심의 사회에서 관리 계층에 진입한 여성관리자의 절대수가 적기 때문인 것으로 풀이할 수 있다.

여성리더개발 멘토링이야기

초판인쇄 | 2009년 8월 10일
초판발행 | 2009년 8월 10일

지은이 | 류재석
펴낸이 | 채종준
펴낸곳 | 한국학술정보㈜
주 소 | 경기도 파주시 교하읍 문발리 파주출판문화정보산업단지 513-5
전 화 | 031) 908-3181(대표)
팩 스 | 031) 908-3189
홈페이지 | http://www.kstudy.com
E-mail | 출판사업부 publish@kstudy.com

등 록 | 제일산-115호(2000. 6. 19)
가 격 | 22,000원

ISBN   978-89-268-0199-4 13370 (Paper Book)
        978-89-268-0200-7 18370 (e-Book)

이담 Books 는 한국학술정보(주)의 지식실용서 브랜드입니다.

이 책은 한국학술정보(주)와 저작자의 지적 재산으로서 무단 전재와 복제를 금합니다.
책에 대한 더 나은 생각, 끊임없는 고민, 독자를 생각하는 마음으로 보다 좋은 책을 만들어갑니다.